AIRFRYER
KOCHBUCH

AIRFRYER
KOCHBUCH

Schnelle, gesunde und köstliche Rezepte für Einsteiger

101 leckere Gerichte

JENNY TSCHIESCHE

FOTOGRAFIEN VON CLARE WINFIELD

Koehler

Widmung

Für meinen Mann Werner sowie meine Kinder Amalie und Sam, ohne deren Geschmacksknospen dieses Buch nicht möglich gewesen wäre.

Künstlerische Leitung: Leslie Harrington
Redakteurin: Gillian Haslam
Produktionsleiterin: Gordana Simakovic
Redaktionsleiterin: Julia Charles
Verlegerin: Cindy Richards

Food-Stylistin: Maud Eden
Requisiteur: Max Robinson
Indexer: Hilary Bird

Erstveröffentlichung 2022 bei Ryland Peters & Small
20-21 Jockey's Fields
London WC1R 4BW
und 341 E 116th St
New York NY 10029
www.rylandpeters.com

Ein CIP-Eintrag für dieses Buch ist von der British Library erhältlich. Die Cataloging-in-Publication-Daten der US Library of Congress wurden beantragt.

Ein Gesamtverzeichnis der lieferbaren Titel schicken wir Ihnen gerne zu. Bitte senden Sie uns eine E-Mail mit Ihrer Adresse an vertrieb@koehler-books.de
Sie finden uns auch im Internet unter www.koehler-mittler-shop.de

Bibliografische Information der Deutschen Nationalbibliothek – Die Deutsche Nationalbibliothek verzeichnet diese Publikation in der Deutschen Nationalbibliografie; detaillierte bibliografische Daten sind im Internet über https://portal.dnb.de abrufbar.

ISBN: 978-3-7822-1555-8

Übersetzung: Tim F. Kramer
Covergestaltung: Sarah Winter
Satz und Produktion: Sarah Winter
Druck: C&C OFFSET PRITING CO.LTD
14/F, C&C BUILDING, 36 TING LAI ROAD
TAI PO, NEW TERRITORIES, HONG KONG

Gedruckt in China

Hinweise:

- Sofern nicht anders angegeben, sind im Buch immer gestrichene Löffel gemeint.
- Bei Rezepten mit Eiern ist stets Größe M gemeint, außer es wird explizit auf Größe L verwiesen.
- Rohe oder nicht ausreichend gekochte Eier sollten nicht von Kleinkindern, Schwangeren, älteren Menschen oder Personen mit geschwächtem Immunsystem verzehrt werden.
- Den Airfryer stets auf die angegebene Temperatur vorheizen, bitte die Angaben des jeweiligen Herstellers beachten.
- Bei den Rezepten wird durchgängig ungesalzene Butter verwendet; falls gesalzene Butter genutzt werden soll, ist dies explizit aufgeführt.
- In einigen Rezepten wird der Abrieb von Zitrusfrüchten verlangt. Nutzen Sie hier möglichst unbehandelte Früchte und waschen Sie sie gründlich vor der Verwendung. Sollten Sie lediglich behandelte Früchte vorrätig haben, waschen Sie diese sorgfältig in warmem Seifenwasser ab und tupfen Sie sie trocken.
- Die Angaben bei Mehl beziehen sich auf den handelsüblichen Typ 550.
- Bitte orientieren Sie sich in Bezug auf die zu verwendenden Auflaufformen, Spieße etc. an der Größe Ihres Airfryer-Geräts.

INHALT

EINFÜHRUNG

Millionen von Menschen weltweit haben bereits den Airfryer für sich entdeckt und nutzen diese Heißluftfritteuse, um auf gesunde Weise köstliche Speisen zuzubereiten – vielleicht haben Sie schon Ihre Freunde von den knusprigen Pommes frites schwärmen hören, die sie darin zubereitet haben, ohne die großen Mengen an Öl zu verwenden, die eine normale Fritteuse benötigt. Probieren Sie es selbst einmal aus – Sie werden begeistert sein.

Ein Airfryer ist jedoch nicht nur für Pommes frites geeignet. Falls Sie sich gerade erst mit dieser neuesten Kochrevolution vertraut machen, werden Sie schnell merken, dass ein Airfryer nicht nur die gesündere Alternative zu einer Fritteuse darstellt, sondern auch als Mini-Backofen genutzt werden kann. Die Hitze wird von einem Heizelement abgestrahlt und ein leistungsstarker Ventilator lässt die heiße Luft zirkulieren (ähnlich wie beim Konvektionsgaren). Damit ist ein Airfryer viel effizienter als ein Backofen und hilft zudem dabei, Energie zu sparen – etwa, wenn man nur eine kleine Menge an Speisen zubereiten möchte. Während man einen herkömmlichen Backofen lange vorheizen muss, ist der Airfryer in nur 1–2 Minuten einsatzbereit, und die Speisen sind in Nullkommanichts fertig. Grund für die rasche Geschwindigkeit beim Luftfrittieren ist der Konvektionsmechanismus, der zum Vorheizen und zur Aufrechterhaltung einer konstanten Hitze verwendet wird. Dies macht den Airfryer neben der Mikrowelle zum effizientesten Gerät für das Erhitzen von Speisen. In der Mikrowelle werden die Speisen jedoch längst nicht so knusprig und karamellisiert wie in einem Airfryer.

Ob leckere Pommes frites, Köstlichkeiten wie Falafel, Fisch und Fleisch, knusprige Chicken Nuggets, Arancini und Fischnuggets oder Snacks wie Studentenfutter und Granola – mit dem Airfryer gelingt es, all diese Gerichte schnell und einfach selbst zuzubereiten. Wenn Sie durch dieses Buch blättern, werden Sie in einigen Rezepten die Wörter „frittiert", „gebraten", „gegart" oder „gebacken" finden. Ich habe diese Begriffe verwendet, um Ihnen eine Vorstellung davon zu geben, was Sie von dem fertigen Gericht erwarten können – denn technisch gesehen sind alle Rezepte luftfrittiert

Dieses Buch möchte Sie dazu inspirieren, das Frittieren mit dem Airfryer zu entdecken und alle Möglichkeiten zu erkunden, die Ihnen diese Art der Zubereitung bietet. Wenn Sie die hier vorgestellten Rezepte beherrschen, scheuen Sie sich nicht, mit neuen Zutaten zu experimentieren. Ich würde mich freuen, wenn Sie mir auf Instagram (@lunchboxdoctor) Ihre Fotos von Rezepten aus diesem Buch und von neuen Gerichten, zu denen Sie angeregt wurden, schicken.

EMPFOHLENE ZUSATZGERÄTE

Einige zusätzliche Küchengeräte machen die Zubereitung von Gerichten mit dem Airfryer noch einfacher. Sie können sie für eine Vielzahl von Rezepten verwenden:

- Fleischthermometer
- Einlagen für den Airfryer (stattdessen können Sie auch ein Stück perforiertes Backpapier nutzen – durch die Löcher kann die heiße Luft zirkulieren)
- Eine Backform in den Maßen 15 x 15 cm (bzw. passend für Ihr Airfryer-Modell)
- Eine hitzebeständige Auflaufform (passend für Ihr Airfryer-Modell)
- Eine Sprühflasche mit Öl

All diese Küchenutensilien sind online oder in jedem gut sortierten Küchengeschäft erhältlich.

TIPPS FÜR DIE VERWENDUNG DES AIRFRYERS

Das Frittieren im Airfryer ist zwar fettarm, aber nicht gänzlich fettfrei. Aus diesem Grund empfehle ich den Kauf einer Sprühflasche, in die Sie Oliven- oder Avocadoöl einfüllen (die Sprühflasche sollten Sie an einem dunklen Ort aufbewahren, damit das Öl nicht durch Lichteinwirkung ranzig wird). Besprühen Sie damit die Zutaten, bevor Sie die Backform in den Airfryer schieben – vor allem panierte Lebensmittel, denn so entsteht eine köstliche goldene Kruste. Im Buch sind Standardtemperaturen für die Rezepte angegeben, manche Airfryer haben jedoch spezifische Temperatureinstellungen. Verwenden Sie einfach die Einstellung Ihres Airfryers, die der im Rezept angegebenen am nächsten kommt. Ist im Buch zum Beispiel 200 °C vorgegeben und auf Ihrer Fritteuse lassen sich nur 199 °C einstellen, wählen Sie diese Gradzahl. Um zu prüfen, ob die Speisen gar sind, nutzen Sie am besten Ihr Fleischthermometer. Dies gilt vor allem für Fleisch, Fisch und Geflügel, aber auch für die Arancini auf Seite 102. Platzieren Sie die Lebensmittel im Airfryer mit etwas Abstand, um ein gleichmäßiges Garen zu garantieren. Die Luft muss die Lebensmittel umströmen können, damit sie knusprig und/oder karamellisiert werden. Bei vielen der Rezepte in diesem Buch wird ein Rütteln der Airfryer-Schublade nach der Hälfte der Garzeit empfohlen – dies ist jeweils mit angegeben. Bei einigen Rezepten ist kein Rütteln erforderlich. Tun Sie dies also nur, wenn es explizit im Rezept angegeben ist, um die unbeabsichtigte Vermischung der Zutaten zu vermeiden und das Gericht nicht zu verfälschen. Bitte achten Sie darauf, den abgekühlten Aifryer nach jedem Gebrauch zu reinigen. Auf diese Weise vermeiden Sie eine Beschädigung der Schubladenauskleidung. Der Airfryer ist nicht nur für die Zubereitung neuer Gerichte geeignet, sondern Sie können damit auch bereits zubereitete Speisen oder Lebensmittel aus dem Gefrierschrank aufwärmen. Gerade beim Kochen für Familien ist ein Airfryer äußerst praktisch und unverzichtbar.

GRUNDREZEPTE

SEMMELBRÖSEL

100 g Sauerteig oder glutenfreie frische Semmelbrösel (1–2 Scheiben Brot, in der Küchenmaschine zerkleinert)

Sparen Sie Geld, indem Sie Ihr eigenes Paniermehl herstellen, anstatt fertiges zu kaufen. Zugleich ist dies eine gute Möglichkeit, um älteres trockenes Brot zu verbrauchen.

Den Airfryer auf 180 °C vorheizen.

Die frischen Semmelbrösel auf einem passenden Backblech ausbreiten. In den vorgeheizten Airfryer geben und 2 Minuten lang frittieren, dann herausnehmen, abkühlen lassen und in einem luftdichten Behälter aufbewahren.

SAUERTEIG-CROUTONS

3 dicke Scheiben Sauerteigbrot
3 Esslöffel Olivenöl
⅛ Teelöffel Salz

ZUTATEN FÜR 2 PERSONEN

Diese Croutons sind äußerst knusprig, schmackhaft und perfekt, um etwas älteres Sauerteigbrot aufzubrauchen. Sie eignen sich gut zum Garnieren von Salaten und Suppen oder für Panzanella – ein einfaches, aber schmackhaftes toskanisches Gericht mit Croutons, Tomaten und Olivenöl.

Den Airfryer auf 200 °C vorheizen.

Das Brot in 2,5 cm große Würfel schneiden und diese in einer Schüssel mit dem Öl und dem Salz vermischen.

Die Brotwürfel in einer einzigen Lage in den vorgeheizten Airfryer geben und 4 Minuten lang frittieren; dabei die Schublade nach der Hälfte der Garzeit schütteln.

Servieren Sie die Croutons, solange sie knusprig sind.

WEICHGEKOCHTE EIER

4 Eier

**ZUTATEN
FÜR 2 PERSONEN**

Auf die hier beschriebene Weise können Sie schnell und einfach weich gekochte Eier zubereiten – ein anschließendes Reinigen des Airfryers ist nicht notwendig. Die Eier passen perfekt zu gebratenem Stangenspargel (siehe Seite 116).

Den Airfryer auf 180 °C vorheizen.

Die Eier in das vorgeheizte Gerät geben und 6 Minuten lang frittieren. Danach herausnehmen und eine Minute ruhen lassen, dann die Eier „köpfen" und servieren.

TOAST

**1–2 Scheiben Toast
(falls gewünscht, glutenfrei)**

**ZUTATEN
FÜR 1 PERSON**

Ein einfacher, nützlicher Tipp für alle Gerichte in diesem Buch, zu denen Sie einen Toast genießen möchten.

Den Airfryer auf 180 °C vorheizen.

Den Toast in das vorgeheizte Gerät geben und eine Minute lang frittieren, danach den Toast wenden und eine weitere Minute lang frittieren.

FRENCH TOAST

1 großes Ei
80 ml Milch (falls gewünscht, laktosefrei)
½ Teelöffel Vanilleextrakt
¼ Teelöffel gemahlener Zimt
2 Scheiben Sauerteigbrot
Ahornsirup und knuspriger Speck (siehe unten), zum Anreichen

ZUTATEN
FÜR 1–2 PERSONEN

Das Luftfrittieren ist eine gesunde Art, dieses leckere Frühstück zuzubereiten. Genießen Sie es mit Speck und Ahornsirup oder mit frischen Beeren und Joghurt.

Das Ei in einer flachen Schüssel verquirlen, dann die Milch, den Vanilleextrakt und den Zimt einrühren, bis alles gut vermischt ist und schaumig aussieht. Das Sauerteigbrot von beiden Seiten in die Mischung tauchen. Das Brot sollte die Mischung gut aufgesaugt haben, bevor Sie es herausnehmen.

Den Airfryer auf 200 °C vorheizen.

Die Brotscheiben in das vorgeheizte Gerät geben und 3 Minuten auf einer Seite frittieren, dann umdrehen und weitere 2 Minuten frittieren.

Mit Ahornsirup und knusprigem Speck servieren.

KNUSPRIGER BACON & KROSSE SPECKWÜRFEL

6 Scheiben Bacon oder 125 g Speckwürfel

ZUTATEN
FÜR 2–3 PERSONEN

Ideal auf Avocado-Toast, zu French Toast oder als Beilage zu Salaten.

Den Airfryer auf 180 °C vorheizen.

Den Speck in das vorgeheizte Gerät geben und 3 Minuten in der heißen Luft braten. Dann wenden und weitere 3 Minuten braten, anschließend servieren.

Die Speckwürfel zum Garen in den vorgeheizten Airfryer geben und 2 Minuten an der heißen Luft frittieren. Dann wenden und weitere 2 Minuten garen; direkt servieren.

KNUSPRIGE KICHERERBSEN

400-g-Dose Kichererbsen, gewaschen und abgetropft
1 Esslöffel Olivenöl
1 Teelöffel Rohrohrzucker
½ Teelöffel geräuchertes Paprikapulver
¼ Teelöffel Cayennepfeffer
1 Teelöffel Salz

ZUTATEN FÜR 4 PERSONEN ALS SALATBEILAGE ODER SNACK

Ideal als Snack, Salatbeilage oder als Wrap mit Hummus und Salat.

Den Airfryer auf 200 °C vorheizen.

Die Kichererbsen in Öl, Zucker, Gewürzen und Kräutern schwenken, sodass sie gleichmäßig bedeckt sind. Dann in den vorgeheizten Airfryer geben und 8–10 Minuten lang frittieren; dabei die Schublade ein paar Mal schütteln.

HALLOUMI-CROUTONS

225 g Halloumi, grob in 2 cm große Würfel geschnitten
1 ½ Teelöffel Olivenöl

ZUTATEN FÜR 4 PERSONEN ALS CROUTONS FÜR EINEN SALAT

Perfekt als Topping für einen Sommersalat.

Den Airfryer auf 200 °C vorheizen.

Die Halloumi-Würfel zwischenzeitlich im Olivenöl schwenken und danach in die vorgeheizte Fritteuse geben. Anschließend 5 Minuten lang frittieren; dabei die Schublade einmal rütteln.

KARAMELLISIERTE WAL- UND PEKANNÜSSE

100 g Wal- und Pekannüsse, gemischt
1 Eiweiß
1 Esslöffel geschmolzene, abgekühlte gesalzene Butter
2 Teelöffel Rohrohr- oder Kokosblütenzucker
1/2 Teelöffel gemahlener Zimt

ZUTATEN FÜR 4 PERSONEN

Diese Nüsse sind nicht zu süß, aber gerade karamellig genug, um den Geschmack und die Textur eines herzhaften Salats oder einer Suppe zu betonen.

Den Airfryer auf 150 °C vorheizen.

Eiweiß, geschmolzene gesalzene Butter, Zucker und Zimt in einer Schüssel mischen. Die Nüsse hinzugeben und alles gut umrühren, bis sie von der Masse umhüllt sind. Danach auf einer Airfryer-Einlage oder einem Stück perforiertem Backpapier ausbreiten und in das vorgeheizte Gerät geben.

Die Nüsse zunächst 4 Minuten lang frittieren, wenden und weitere 2 Minuten frittieren. Anschließend aus der Fritteuse nehmen und abkühlen lassen. In einem Glas mit Schraubverschluss sind sie bis zu einer Woche haltbar.

AHORN-STUDENTENFUTTER

75 g Mandeln
50 g Pekannuss-Hälften
20 g Sultaninen/goldene Rosinen
20 g Kokosraspeln/-chips
1 Esslöffel geschmolzenes Kokosnussöl
1 Esslöffel Ahornsirup
1/8 Teelöffel Salz
1/2 Teelöffel Vanilleextrakt

ZUTATEN FÜR 4 PERSONEN

Ein köstlicher und nahrhafter Snack für unterwegs, der in wenigen Minuten zubereitet ist.

Den Airfryer auf 180 °C vorheizen.

Alle Zutaten in einer Schüssel vermengen. Die Mischung in das vorgeheizte Gerät geben, am besten auf einer Einlage oder einem Stück perforiertem Backpapier, damit kleinere Stücke nicht durchfallen. Anschließend 6 Minuten lang frittieren, dabei die Schublade einmal rütteln.

Abkühlen lassen und genießen.

POMMES & SNACKS

POMMES FRITES

2 große Kartoffeln
(Backkartoffelgröße)
1 Teelöffel Olivenöl
Salz

**ZUTATEN
FÜR 2 PERSONEN**

Ein Grund für die große Beliebtheit des Airfryers ist sicher, dass sich damit Pommes frites mit viel weniger Fett zubereiten lassen. Natürlich sollen diese gesünderen Pommes frites genauso köstlich schmecken wie die klassische Variante – und genau dafür eignet sich dieses einfache Rezept.

Die Kartoffeln schälen und in ca. 1,5 x 1,5 cm große Stäbchen schneiden, die der Länge der Kartoffel entsprechen. Die Pommes frites in eine Schüssel mit kaltem Wasser geben und für etwa 10 Minuten in den Kühlschrank stellen.

In der Zwischenzeit den Airfryer auf 160 °C vorheizen.

Die Pommes frites gründlich abtropfen lassen, dann im Öl schwenken und würzen. Anschließend in einer einzigen Schicht in den vorgeheizten Airfryer geben (je nach Größe des Geräts müssen sie eventuell in zwei Durchgängen gegart werden). Jetzt 15 Minuten frittieren, dabei einmal durch leichtes Rütteln der Schublade wenden, dann die Temperatur der Fritteuse auf 200 °C erhöhen und weitere 3 Minuten garen. Anschließend sofort servieren.

SÜSSKARTOFFEL-POMMES

2 mittelgroße Süßkartoffeln
2 Teelöffel Olivenöl
½ Teelöffel Salz
½ Teelöffel Chilipulver/-flocken
½ Teelöffel geräuchertes
Paprikapulver

**ZUTATEN
FÜR 4 PERSONEN**

Pommes, die aus Süßkartoffeln statt aus normalen Kartoffeln hergestellt werden, finden Anklang bei allen, die eine etwas intensivere, süßere Variante mögen. Sie schmecken hervorragend mit Mayo und sogar noch besser mit Knoblauchmayo!

Den Airfryer auf 160 °C vorheizen.

Die Süßkartoffeln schälen und in etwa 1 x 1 cm dicke Stäbchen schneiden. Dann in Salz, Pfeffer, Thymian und Öl schwenken. Achten Sie darauf, dass alle Pommes bedeckt sind.

In einer einzigen Lage in den vorgeheizten Airfryer geben (je nach Größe des Geräts müssen Sie die Pommes eventuell in zwei Durchgängen zubereiten) und 15 Minuten lang frittieren; dabei die Schublade nach der Hälfte der Zeit etwas rütteln. Dann die Temperatur auf 180 °C erhöhen und weitere 5 Minuten garen. Anschließend sofort servieren.

STECKRÜBEN-POMMES

1 mittelgroße Steckrübe
½ Teelöffel Salz
½ Teelöffel frisch gemahlener schwarzer Pfeffer
1 ½ Teelöffel getrockneter Thymian
1 Esslöffel Olivenöl

ZUTATEN FÜR 4 PERSONEN

Ideal für alle, die gerne Pommes mögen, aber eine Low-Carb-Variante bevorzugen.

Den Airfryer auf 160 °C vorheizen.

Die Steckrübe schälen und in etwa 6 x 1 cm große Stäbchen schneiden. Die Pommes in Salz, Pfeffer, Thymian und Öl schwenken und darauf achten, dass alle gut von der Öl-Gewürzmischung umhüllt sind.

In einer einzigen Lage in den vorgeheizten Airfryer geben (je nach Größe des Geräts müssen Sie die Pommes eventuell in zwei Durchgängen zubereiten) und 15 Minuten lang frittieren; dabei die Schublade nach der Hälfte der Zeit etwas rütteln. Dann die Temperatur auf 180 °C erhöhen und weitere 5 Minuten garen. Anschließend sofort servieren.

KOCHBANANEN-POMMES

1 reife Kochbanane (gelb-braune Schale)
1 Teelöffel Olivenöl
¼ Teelöffel Salz

ZUTATEN FÜR 2 PERSONEN

Eine Kochbanane ist etwas herzhafter und stärkehaltiger als eine normale Banane. Schmeckt toll mit einer Prise Salz.

Den Airfryer auf 180 °C vorheizen.

Die Kochbananen schälen und in ca. 6 x 1 cm große Stäbchen schneiden. Die Pommes in Öl und Salz schwenken und darauf achten, dass alle gut mit Öl umhüllt sind.

In einer einzigen Lage in den vorgeheizten Airfryer geben (je nach Größe des Geräts müssen sie eventuell in zwei Durchgängen gegart werden) und 13–14 Minuten lang frittieren, bis sie außen braun und innen weich sind. Anschließend sofort servieren.

POLENTA-POMMES

800 ml Wasser
1 ½ Gemüsebrühwürfel
¾ Teelöffel getrockneter Oregano
¾ Teelöffel frisch gemahlener schwarzer Pfeffer
200 g schnell kochender Maisgrieß/Maismehl
2 Teelöffel Olivenöl
55 g Allzweckmehl (falls gewünscht, glutenfrei)
Knoblauchmayonnaise, zum Anreichen

ZUTATEN FÜR 6 PERSONEN

Eine auf Maismehl basierende Alternative zu Kartoffelpommes. Diese italienischen Pommes eignen sich hervorragend als Beilage zu Auberginen-Parmigiana (siehe Seite 94) oder als Snack.

Das Wasser und die Brühwürfel mit dem Oregano und dem schwarzen Pfeffer in einem Topf zum Kochen bringen. Den Maisgrieß/das Maismehl einrühren und anschließend weiterrühren, bis die Polenta deutlich fester wird und sich schwer rühren lässt – das dauert etwa 5–6 Minuten.

Eine 15 x 15 cm große Backform mit etwas Olivenöl einfetten. Die Polenta in die Backform füllen und mit der Rückseite eines nassen Löffels glattstreichen. Etwa 30 Minuten bei Zimmertemperatur abkühlen lassen und anschließend für mindestens eine Stunde in den Kühlschrank stellen.

Dann die Polenta aus dem Kühlschrank nehmen, vorsichtig auf ein Schneidebrett stürzen und in 7,5 x 1 x 2 cm große Stücke schneiden. Die geschnittenen Polenta-Pommes im Mehl wälzen und anschließend mit dem restlichen Olivenöl besprühen oder beträufeln.

Den Airfryer auf 200 °C vorheizen.

Die Pommes mit etwas Abstand voneinander in einer einzigen Lage in den vorgeheizten Airfryer legen (je nach Größe des Geräts müssen die Pommes eventuell in mehreren Durchgängen gegart werden). Dann 9 Minuten lang frittieren; dabei nach der Hälfte der Garzeit einmal wenden. Anschließend sofort mit der Knoblauchmayonnaise servieren.

ZUCCHINI-POMMES

1 Zucchini
3 Esslöffel Allzweckmehl (falls gewünscht, glutenfrei)
1/4 Teelöffel Salz
1/4 Teelöffel frisch gemahlener schwarzer Pfeffer
60 g Semmelbrösel (falls gewünscht, glutenfrei; siehe Seite 9)
1 Teelöffel getrockneter Oregano
20 g fein geriebener Parmesan
1 Ei, verquirlt

ZUTATEN FÜR 2 PERSONEN

Zucchini sind nicht gerade das Lieblingsgemüse meiner Kinder. Mit dieser würzigen Käsekruste überzogen, ändert sich das schnell.

Den Airfryer auf 180 °C vorheizen.

Die Zucchini in etwa 1,5 x 1,5 x 5 cm große Stäbchen schneiden; mit Salz und Pfeffer würzen.

Dann das Paniermehl mit dem Oregano und dem Parmesan vermischen.

Die Zucchini zunächst in das Mehl tauchen (überschüssiges Mehl abschütteln), danach in das Ei und anschließend in die gewürzten Semmelbrösel einstippen.

Die Pommes in den vorgeheizten Airfryer geben und 15 Minuten lang frittieren. Sie sollten außen knusprig und innen weich sein. Anschließend sofort servieren.

AVOCADO-POMMES

35 g Allzweckmehl (falls gewünscht, glutenfrei)
1/2 Teelöffel Chili/Chilipulver
1 Ei, verquirlt
50 g getrocknete Semmelbrösel (falls gewünscht, glutenfrei; siehe Seite 9)
1 Avocado (Schale und Stein entfernen und jede Hälfte der Länge nach in Scheiben schneiden)
Salz und frisch gemahlener schwarzer Pfeffer

ZUTATEN FÜR 2 PERSONEN

Außen knusprig und innen cremig – diese Avocado-Pommes sind ein wahrer Genuss. Sie eignen sich hervorragend als Beilage, noch besser schmecken sie als Snack mit einer Tomatensalsa.

Den Airfryer auf 200 °C vorheizen.

Mehl und Chilipulver in einer Schüssel vermischen und mit Salz und Pfeffer würzen. Das verquirlte Ei und die Semmelbrösel jeweils in separate Schüsseln geben.

Jede Avocadoscheibe in das gewürzte Mehl tauchen (überschüssiges Mehl abschütteln), dann in das Ei und schließlich in die Semmelbrösel stippen.

Die panierten Avocadoscheiben in den vorgeheizten Airfryer geben und 6 Minuten lang frittieren; nach 4 Minuten wenden. Anschließend sofort servieren.

KAROTTEN-POMMES MIT KREUZKÜMMEL

300 g Karotten
1 Teelöffel Speisestärke oder Maisstärke
1 Teelöffel gemahlener Kreuzkümmel
¼ Teelöffel Salz
1 Esslöffel Olivenöl
Knoblauchmayonnaise, zum Anreichen

ZUTATEN FÜR 2 PERSONEN

Karotten und Kreuzkümmel – süß und würzig – passen hervorragend zusammen. Servieren Sie diese Pommes als Snack oder als Beilage.

Den Airfryer auf 200 °C vorheizen.

Die Karotten schälen und in dünne Pommes (etwa 10 cm x 1 cm x 5 mm) schneiden. Dann in einer Schüssel mit allen anderen Zutaten vermischen.

Die Möhren in den vorgeheizten Airfryer geben und 9 Minuten lang frittieren; dabei die Schublade des Geräts einige Male schütteln. Anschließend mit der Knoblauchmayonnaise servieren.

MINI-PAPRIKASCHOTEN

9 Mini-Paprikaschoten
1 Teelöffel Olivenöl
¼ Teelöffel Salz

ZUTATEN FÜR 2 PERSONEN

Diese Mini-Paprikaschoten eignen sich hervorragend als Snack oder als Beilage zu einem der panierten Gerichte in diesem Buch. Im Airfryer kommt ihre natürliche Süße besonders zur Geltung. Zugleich bringen sie Farbe auf den Teller und sind einfach zum Dahinschmelzen lecker.

Den Airfyer auf 180 °C vorheizen.

Die Mini-Paprikaschoten in eine für Ihr Gerät passende Auflaufform legen, mit Öl beträufeln und mit Salz bestreuen.

Die Form in den vorgeheizten Airfryer geben und 10–12 Minuten lang frittieren, je nachdem, wie intensiv „gegrillt" Sie Ihre Paprikaschoten mögen.

FRÜHLINGSROLLEN

4 Reispapier-Blätter
2 Esslöffel frisch gehackter Koriander
1 gelbe Paprikaschote, der Länge nach in dünne Scheiben geschnitten
2 Karotten, der Länge nach in sehr dünne Scheiben geschnitten
200 g gekochtes Hühnchenfleisch (idealerweise Reste vom ganzen Hähnchen, siehe Seite 72), zerkleinert
1 Teelöffel Avocado- oder Olivenöl
Limetten-Mandel-Satay-Soße (siehe Seite 87), zum Anreichen

ZUTATEN FÜR 4 PERSONEN

Die knusprige Konsistenz, die beim Luftfrittieren dieser Reispapier-Wraps entsteht, bildet einen spannenden Kontrast zu dem saftigen Hühnchenfleisch und der Gemüsefüllung. Die Satay-Soße zum Dippen bringt all diese Aromen und Texturen wunderbar zusammen.

Ein Reispapier-Blatt in warmes Wasser tauchen, dann herausnehmen und das überschüssige Wasser abtropfen lassen. Den Wrap auf ein sauberes Schneidebrett legen und zuerst den Koriander, dann die Paprika, die Karotten und das Hühnchenfleisch in der Mitte der Reihe nach auslegen. Falten Sie den unteren Teil des Blattes nach oben über die Füllung, klappen Sie die Seiten ein und falten Sie dann den oberen Teil nach unten, sodass die Füllung umschlossen ist. Wiederholen Sie den Vorgang für die drei weiteren Frühlingsrollen. Dann die Oberfläche jeder Frühlingsrolle mit etwas Öl bepinseln.

Den Airfryer auf 180 °C vorheizen.

Die Röllchen auf einer Airfryer-Einlage oder einem Stück perforiertem Backpapier in das vorgeheizte Gerät geben und 10 Minuten lang frittieren. Anschließend sofort mit dem Satay-Dip servieren.

BOCCONCINI-BÄLLCHEN (MINI-MOZZARELLA)

70 g Mehl (falls gewünscht, glutenfrei)
1 Ei, verquirlt
70 g Semmelbrösel (falls gewünscht, glutenfrei; siehe Seite 9)
10 Bocconcini-Mozzarella-Kugeln

ZUTATEN FÜR 2 PERSONEN

Bocconcini sind kleine Mozzarella-Kugeln. In diesem Rezept werden sie paniert und dann im Airfryer gegart, bis sie innen geschmolzen und außen knusprig und golden sind. Sie ähneln Mozzarella-Sticks, nur dass diese hier komplett rund sind. Die Kugeln sind ein leckerer Snack oder passen gut zu einem Salat als leichte Mahlzeit.

Den Airfryer auf 200 °C vorheizen.

Mehl, Ei und Semmelbrösel auf 3 separate Teller verteilen. Jede Bocconcini-Kugel zuerst in das Mehl und dann in das Ei tauchen (überschüssiges Mehl leicht abklopfen) und zuletzt in den Semmelbröseln wälzen.

Die panierten Bocconcini in den vorgeheizten Airfryer geben und 5 Minuten lang frittieren (ein Wenden ist nicht notwendig). Anschließend sofort servieren.

HALLOUMI-POMMES

225 g Halloumi
40 g Allzweckmehl (falls gewünscht, glutenfrei)
½ Teelöffel geräuchertes süßes Paprikapulver
½ Teelöffel getrockneter Oregano
¼ Teelöffel milde Chili oder mildes Chilipulver
Oliven- oder Avocadoöl, zum Besprühen

ZUTATEN FÜR 2 PERSONEN

Golden, knusprig und voller Geschmack – genau so, wie man es von diesem inzwischen weit verbreiteten zypriotischen Käse erwartet. Vielleicht haben Sie Halloumi-Pommes schon einmal in einem Restaurant gegessen, sie lassen sich im Airfryer aber auch ganz einfach zu Hause selbst zubereiten.

Den Airfryer auf 180 °C vorheizen.

Den Halloumi in etwa 2 x 1,5 cm große Stäbchen schneiden.

Das Mehl und die Gewürze in einer Schüssel mischen und jedes Halloumi-Stäbchen in das Mehl tauchen. Das Ganze mit ein wenig Öl besprühen.

Die Pommes in den vorgeheizten Airfryer geben und 5 Minuten lang frittieren. Anschließend sofort servieren.

BABA GANOUSH

- 1 große Aubergine, der Länge nach in Scheiben geschnitten
- ½ Teelöffel Salz
- 5 Esslöffel Olivenöl
- 1 Knoblauch-Knolle
- 30 g Tahin
- 2 Esslöffel frisch gepresster Zitronensaft
- ½ Teelöffel gemahlener Kreuzkümmel
- ¼ Teelöffel geräuchertes Paprikapulver
- Salz und frisch gemahlener schwarzer Pfeffer
- 3 Esslöffel frisch gehackte glatte Petersilie

ZUTATEN FÜR 4 PERSONEN

Dieser köstliche rauchige Auberginen-Dip wird am besten mit Pita-Chips (siehe Seite 39) oder Crudités serviert.

Den Airfryer auf 200 °C vorheizen.

Die Auberginenhälften mit der Schnittfläche nach oben legen. Mit Salz bestreuen und einen Esslöffel Öl darüberträufeln. Die Knoblauchknolle oben etwas abschneiden, die freigelegten Zehen mit etwas Olivenöl bestreichen und in Alufolie einwickeln. Dann die Aubergine sowie den in Alufolie eingewickelten Knoblauch in den vorgeheizten Airfryer geben und 15–20 Minuten lang luftfrittieren, bis das Innere der Aubergine weich ist und eine butterartige Konsistenz aufweist.

Jetzt das Fruchtfleisch der Aubergine in eine Schüssel geben. Etwa einen Esslöffel des gegarten Knoblauchs auspressen und mit den restlichen 4 Esslöffeln Olivenöl, Tahin, Zitronensaft, Gewürzen sowie Salz und Pfeffer in die Schüssel geben. Alles gut mischen und mit frischer Petersilie bestreut servieren.

MUHAMMARA

- 4 Romano-Paprikaschoten
- 4 Esslöffel Olivenöl
- 100 g Walnüsse
- 90 g getrocknete Semmelbrösel (siehe Seite 9)
- 1 Teelöffel Kreuzkümmel
- 2 Esslöffel Granatapfelsirup
- frisch gepresster Saft einer halben Zitrone
- ½ Teelöffel Chilisalz (oder Salz und Chiliflocken kombiniert)
- frische Granatapfelkerne, zum Anrichten

ZUTATEN FÜR 4 PERSONEN

Dieser aus Syrien stammende Dip aus roter Paprika und Walnüssen ist ein wahrer Appetitanreger und besticht durch vollen Geschmack. Servieren Sie dazu Crudités oder Pita-Chips (siehe Seite 39).

Den Airfyrer auf 180 °C vorheizen.

Die Paprikaschoten mit einem halben Teelöffel Olivenöl einreiben. Dann in das vorgeheizte Gerät geben und 8 Minuten lang frittieren.

In der Zwischenzeit die Walnüsse in einer flachen Pfanne bei mittlerer Hitze 3–5 Minuten lang leicht rösten. Abkühlen lassen und in einer Küchenmaschine zerkleinern. Sobald die Paprikaschoten gekocht sind, jeweils den oberen Teil mit dem Stiel abschneiden und die Kerne entfernen. Die Schoten dann zusammen mit allen anderen Zutaten in die Küchenmaschine geben und so lange rühren, bis eine glatte Masse entsteht. Diese im Kühlschrank abkühlen lassen und den Dip anschließend mit Granatapfelkernen bestreut servieren.

SCHOTTISCHE EIER

3 gekochte Eier (siehe Seite 10; wenn Sie sie weichgekocht und in der Mitte flüssiger mögen, kochen Sie sie nur 6–7 Minuten lang, ansonsten 10 Minuten)
350 g im Geschäft gekauftes, fertig zubereitetes und gewürztes Wurstbrät
2 Esslöffel Allzweckmehl (falls gewünscht, glutenfrei)
1 Ei, verquirlt
130 g Semmelbrösel (falls gewünscht, glutenfrei; siehe Seite 9)
Chutney, zum Anreichen

ZUTATEN
FÜR 3 PERSONEN

Dieser unkomplizierte Mitnehm-Klassiker darf bei keinem Picknick fehlen, er ist außen herrlich knusprig und innen gefüllt mit leckerem Wurstbrät und Ei.

Die Eier schälen und das Wurstbrät mit feuchten Händen in 3 gleich große Portionen teilen. Jede Portion zu einer dünnen Schicht flachdrücken, dann das Ei in die Mitte legen und gänzlich mit Wurstbrät umhüllen. Anschließend jede Rolle im Mehl wälzen und in das verquirlte Ei tauchen (überschüssiges Ei leicht ab-schütteln) und in den Semmelbröseln wenden. Achten Sie darauf, dass jede Rolle rundherum mit Paniermehl bedeckt ist.

Den Airfryer auf 180 °C vorheizen.

Die Schottischen Eier in das vorgeheizte Gerät geben und 14 Minuten lang frittieren (ein Wenden der Eier während des Garvorgangs ist nicht notwendig). Entweder heiß oder kalt mit etwas Chutney genießen.

KÄSE-SCONES

½ Teelöffel Backpulver
210 g Mehl (falls gewünscht, glutenfrei), und zusätzlich etwas Mehl zum Bestäuben
50 g kalte Butter, gewürfelt
125 g geriebener reifer Cheddar
eine Prise Cayennepfeffer
eine Messerspitze Salz
100 ml Milch, und zusätzlich ein wenig Milch zum Bestreichen der Scones

ZUTATEN
FÜR 12 STÜCK

Perfekt, um schnell köstliche Käse-Scones zuzubereiten. Am besten warm genießen!

Das Backpulver in einer Schüssel mit dem Mehl vermischen, dann die Butter hinzufügen und in das Mehl hineinkneten, bis eine krümelige Struktur entsteht. Den Käse, den Cayennepfeffer und das Salz hinzufügen und verrühren. Nach und nach die Milch zugeben und das Ganze zu einer Teigkugel formen.

Die Arbeitsfläche mit Mehl bestäuben und den Teig etwa 1,5 cm dick ausrollen. Die Scones mit einer Ausstechform (Durchmesser von 6 cm) ausstechen. Die Teigreste erneut zu einer Kugel formen, dünn ausrollen und weitere Scones ausstechen – auf diese Weise erhalten Sie etwa 12 Scones aus dem Teig. Legen Sie die Scones auf eine Airfryer-Einlage oder ein Stück perforiertes Backpapier.

Dann den Airfryer auf 180 °C vorheizen.

Die Scones in das vorgeheizte Gerät geben und 8 Minuten lang frittieren; dabei nach der Hälfte der Zeit umdrehen, um die andere Seite zu garen. Anschließend herausnehmen und etwas abkühlen lassen, dann warm servieren.

PITA-PIZZA

2 runde Vollkorn-Pitabrote
3 Esslöffel passierte Tomaten
4 Esslöffel geriebener Mozzarella
1 Teelöffel getrockneter Oregano
1 Teelöffel Olivenöl
Basilikumblätter, zum Anreichen

ZUTATEN FÜR 2 PERSONEN

Bei dieser leichten Mahlzeit werden runde Pitabrote als Pizzaböden verwendet – schmeckt köstlich und ist in wenigen Minuten zubereitet.

Den Airfryer auf 200 °C vorheizen.

Die Pitas in das vorgeheizte Gerät geben und eine Minute lang frittieren.

Dann herausnehmen und eine Schicht passierte Tomaten auf den Pitas verteilen. Anschließend den Mozzarella, Oregano und das Öl darüberstreuen. Zurück in den Airfryer geben und weitere 4 Minuten lang frittieren. Die Basilikumblätter darüberstreuen und sofort servieren.

VOLLKORN-PITA-CHIPS

2 runde Vollkorn-Pitabrote, geviertelt
1 Teelöffel Olivenöl
½ Teelöffel Knoblauchsalz

ZUTATEN FÜR 2 PERSONEN

Diese Pita-Chips eignen sich hervorragend als Beilage zu Muhammara (siehe Seite 35), Tzatziki (siehe Seite 51) oder Baba Ganoush (siehe Seite 35). Am einfachsten ist es, das Öl mithilfe einer Sprühflasche aufzutragen, Sie können aber auch einen Backpinsel verwenden.

Den Airfryer auf 180 °C vorheizen.

Jedes Pita-Viertel mit Olivenöl besprühen oder mit einem Backpinsel bestreichen und mit Knoblauchsalz bestreuen. In das vorgeheizte Gerät legen und 4 Minuten lang frittieren; dabei nach der Hälfte der Garzeit wenden. Anschließend sofort servieren.

FLEISCH

FRÜHSTÜCK RUND UM DIE UHR

1 mittelgroße Tomate, halbiert
1 großer Champignon, in dicke Scheiben geschnitten
2 Scheiben Bacon
2 Eier (roh)
Tomatenketchup, zum Anreichen
Toast (siehe Seite 10) mit Butter, zum Servieren

ZUTATEN FÜR 1 PERSON

Die wahrscheinlich einfachste Mahlzeit, die sich mit einem Airfryer zubereiten lässt! Zugleich kann man andere damit gut beeindrucken, wenn sie fragen: „Was kann eigentlich ein Airfryer?“

Den Airfryer auf 180 °C vorheizen.

Die Tomatenhälften in das vorgeheizte Gerät geben und 3 Minuten lang frittieren. Dann alle anderen Zutaten zugeben und weitere 6 Minuten garen.

Anschließend alles zusammen servieren, die Eier in Eierbechern anrichten. Nach Belieben einen großzügigen Klecks Tomatenketchup und heißen gebutterten Toast dazu reichen.

HONIG-SENF-WÜRSTCHEN MIT KARTOFFELN, PAPRIKA UND ZWIEBELN

400 g neue Babykartoffeln
1 Zwiebel, geviertelt
1 Esslöffel Olivenöl
1 Esslöffel flüssiger Honig
1 Esslöffel Vollkornsenf
6 Würstchen
5 Mini-Paprikaschoten, grob gehackt
Salz und frisch gemahlener schwarzer Pfeffer
frische Rosmarinzweige, zum Garnieren

ZUTATEN FÜR 2 PERSONEN

Die Würze der Würstchen verbindet sich hier wunderbar mit der Süße des Honigs und der Schärfe des Senfs – eine köstliche Kombination. Die Kartoffeln, Paprika und Zwiebeln ergänzen diese Aromen perfekt.

Den Airfryer auf 180 °C vorheizen.

Größere Kartoffeln auf 3 cm Länge zuschneiden (kleinere Kartoffeln in ihrer Größe belassen). Die Kartoffeln und Zwiebelstücke in Öl schwenken und mit Salz und Pfeffer würzen. Dann in das vorgeheizte Gerät geben und 10 Minuten lang frittieren.

In der Zwischenzeit Honig und Senf verrühren und die Würstchen in der Honig-Senf-Mischung schwenken, bis sie gleichmäßig bedeckt sind. Anschließend in den Airfryer geben und alles weitere 6 Minuten garen. Das Ganze leicht schwenken und die Paprikaschoten hinzufügen, alles gut verrühren und weitere 7 Minuten lang frittieren. Anschließend auf eine Servierplatte geben, nach Belieben mit frischen Rosmarinzweigen garnieren und servieren.

MAROKKANISCHE MINI-LAMM-BURGER

400 g Lammfleisch, gehackt
1 Esslöffel frisch gehackter Koriander
1 Teelöffel frisch gehackte Minze
½ Teelöffel geräuchertes Paprikapulver
1 Teelöffel gemahlener Kreuzkümmel
1 Esslöffel Harissa-Paste
Tzatziki (siehe Seite 51), zum Anreichen
Pitabrot und Salatblätter, zum Anreichen

ZUTATEN FÜR 2 PERSONEN

Diese saftigen Mini-Lamm-Burger mit Pitabrot, Tzatziki und Salat sind ein köstlicher, leichter mediterraner Happen.

Alle Zutaten in einer Küchenmaschine vermischen, dann in 4 gleich große Portionen aufteilen und zu Fleischbällchen formen.

Den Airfryer auf 180 °C vorheizen. Die Fleischbällchen in das vorgeheizte Gerät geben und 15 Minuten lang frittieren; dabei nach der Hälfte der Garzeit vorsichtig wenden. Vergewissern Sie sich mit einem Fleischthermometer, dass die Innentemperatur der Bällchen 75 °C erreicht hat – ansonsten noch ein paar Minuten weitergaren und dann servieren.

APRIKOSEN-LAMMFRIKADELLEN

500 g Lammfleisch, gehackt
50 g getrocknete Aprikosen, fein gehackt
1 Teelöffel gemahlener Kreuzkümmel
½ Teelöffel gemahlener Koriander
¾ Teelöffel Salz
1 Ei, verquirlt

ZUTATEN FÜR 4 PERSONEN

Getrocknete Aprikosen machen diese Lammfrikadellen phänomenal süß, würzig und saftig und verleihen ihnen einen wunderbaren orientalischen Geschmack.

Alle Zutaten in einer Küchenmaschine vermischen, dann in 4 gleich große Portionen aufteilen und zu Frikadellen formen.

Den Airfryer auf 180 °C vorheizen.

Die Frikadellen in das vorgeheizte Gerät geben und 15 Minuten lang frittieren; dabei nach der Hälfte der Garzeit vorsichtig wenden. Anschließend mit einem Fleischthermometer vergewissern, dass die Innentemperatur der Frikadellen 75 °C erreicht hat – falls nicht, noch einige Minuten weitergaren und dann servieren.

SCHWEINEKOTELETTS MIT KNOBLAUCH UND PFEFFER

2 x 250-g-Schweinekoteletts
1 Esslöffel Olivenöl
Knoblauchsalz und frisch gemahlener schwarzer Pfeffer

ZUTATEN FÜR 2 PERSONEN

Diese saftigen und gut gewürzten Schweinekoteletts sind ein wahres Wohlfühlessen! Sie schmecken hervorragend mit gebutterten neuen Kartoffeln, grünem Gemüse und Mayonnaise.

Den Airfryer auf 180 °C vorheizen.

Die Koteletts von beiden Seiten mit Olivenöl einreiben, dann mit Knoblauchsalz und Pfeffer würzen.

Anschließend in das vorgeheizte Gerät geben und 10 Minuten lang frittieren; dabei nach 4 Minuten wenden. Vergewissern Sie sich mit einem Fleischthermometer, dass die Koteletts eine Innentemperatur von mindestens 63 °C erreicht haben – wenn nicht, noch wenige Minuten weitergaren und dann servieren.

KRÄUTER-LAMMKOTELETTS

8 Lammkoteletts
1 Teelöffel getrockneter Oregano
1 Esslöffel Olivenöl
Salz und frisch gemahlener schwarzer Pfeffer

ZUTATEN FÜR 4 PERSONEN

Diese mit Oregano gewürzten Lammkoteletts sind einfach zuzubereiten und doch ein idealer Fleischgenuss.

Die Koteletts von beiden Seiten mit Öl beträufeln und mit Oregano sowie großzügig mit Salz und Pfeffer würzen. Anschließend 30 Minuten bei Raumtemperatur marinieren.

Den Airfryer auf 180 °C vorheizen.

Die Koteletts in das vorgeheizte Gerät geben und 5–7 Minuten lang frittieren; dabei einmal wenden. Anschließend mit einem Fleischthermometer prüfen, ob die Koteletts eine Innentemperatur von mindestens 55 °C erreicht haben – falls nicht, noch einige Minuten weitergaren und dann servieren.

ADANA-SPIESSE

Diese aromatischen türkischen Spieße sind herrlich saftig – perfekt mit Tzatziki und Salat oder in einem Wrap serviert.

1 Zwiebel, grob gewürfelt
1 kleine (oder ½ große) rote Paprikaschote, grob zerkleinert
2 pralle Knoblauchzehen, gehackt
½ Teelöffel Chiliflocken
1 Teelöffel gemahlener Kreuzkümmel
1 Teelöffel Salz
3 Esslöffel frisch gehackte Blattpetersilie
50 g Semmelbrösel (falls gewünscht, glutenfrei; siehe Seite 9)
500 g Rinderhack
Wraps oder Pitabrot, zum Anreichen
gewürfelte Gurken, Tomaten und frische Minzblätter, zum Anreichen

TZATZIKI

½ Salatgurke
250 g griechischer Joghurt
1 Knoblauchzehe, fein gehackt
2 Teelöffel frisch gehackter Dill
2 Teelöffel frisch gepresster Zitronensaft
Meersalz, zum Abschmecken

ZUTATEN FÜR 4 PERSONEN

Zwiebel, Paprika und Knoblauch in einer Küchenmaschine zu einer Paste zerkleinern. Anschließend die Chiliflocken, den Kreuzkümmel, Salz, Petersilie und Semmelbrösel unterrühren. Die Masse in 6 gleich große Portionen aufteilen und jeweils zu Würsten rollen. Für mindestens eine Stunde in den Kühlschrank stellen.

In der Zwischenzeit für das Tzatziki ein Papiertuch oder ein sauberes Geschirrtuch auf ein Schneidebrett legen und die Gurke direkt auf das Tuch grob raspeln. Dann mit einem weiteren Papierhandtuch oder Geschirrtuch bedecken und abtupfen. Anschließend das obere Tuch entfernen und die Gurke großzügig mit Meersalz bestreuen.

Joghurt, Knoblauch, Dill und Zitronensaft in einer mittelgroßen Schüssel vermischen. Geben Sie dann die Gurke zu der Joghurtmischung und rühren Sie das Ganze gut um. Vor dem Servieren für 30 Minuten in den Kühlschrank stellen.

Währenddessen den Airfryer auf 180 °C vorheizen.

Jedes Fleischstück auf einen Metallspieß stecken, in das vorgeheizte Gerät geben und 10–12 Minuten lang frittieren; dabei die Spieße nach der Hälfte der Garzeit vorsichtig wenden. Mit einem Fleischthermometer prüfen, ob das Fleisch eine Innentemperatur von mindestens 70 °C erreicht hat – falls nicht, die Spieße noch ein paar Minuten weitergaren. Servieren Sie die Spieße anschließend mit dem Tzatziki.

MEDITERRANE RINDFLEISCHBÄLLCHEN

500 g Rinderhack
30 g frische Semmelbrösel (falls gewünscht, glutenfrei)
1 Ei
1 Teelöffel getrockneter Thymian
3/4 Teelöffel Salz
1/2 Teelöffel frisch gemahlener schwarzer Pfeffer
Mediterrane Soße (siehe Seite 102) oder ein 400-g-Glas Pastasoße auf Tomatenbasis
Spaghetti, Basilikumblätter und frisch geriebener Parmesan, zum Anreichen

ZUTATEN FÜR 3 PERSONEN

Diese saftigen, würzigen Fleischbällchen werden von einer süßsäuerlichen Tomatensoße begleitet und sind der absolute Familienfavorit.

Alle Zutaten (außer der Soße) in einer Schüssel vermengen, dann in 9 gleich große Portionen teilen und zu Fleischbällchen formen.

Den Airfryer auf 180 °C vorheizen.

Die Fleischbällchen in das vorgeheizte Gerät geben und 8 Minuten lang frittieren; dabei nach der Hälfte der Garzeit wenden.

Die Soße in eine für Ihr Gerät geeignete Auflauf- oder Gratinform füllen. Nach 8 Minuten die Fleischbällchen in die Soße geben und das Ganze wieder in den Airfryer stellen. Weitere 5 Minuten lang garen, dann mit einem Fleischthermometer vergewissern, dass die Fleischbällchen eine Innentemperatur von mindestens 70 °C erreicht haben – falls nicht, noch wenige Minuten weitergaren.

Die Fleischbällchen auf den Spaghetti anrichten, mit Basilikumblättern garnieren und mit geriebenem Parmesan bestreuen.

LAMM-KÖFTE

600 g gehacktes Lammfleisch
1 Zwiebel, fein gehackt
1 Knoblauchzehe, fein gehackt
2 Esslöffel fein gehackter Koriander
1 Teelöffel gemahlener Koriander
1 Teelöffel gemahlener Kreuzkümmel
1 Teelöffel gemahlener Kurkuma
1/2 Teelöffel Chili/Chilipulver
1 Teelöffel getrockneter Thymian
1 Teelöffel Salz
1 Esslöffel flüssiger Honig

ZUTATEN FÜR 3 PERSONEN

Diese herzhaften und schmackhaften Köfte-Spieße sind wunderbar saftig und ideal für die Zubereitung im Airfryer. Dazu passt ein griechischer Salat.

Alle Zutaten in eine Schüssel geben und gut vermischen. In 6 gleich große Portionen aufteilen und zu Würsten formen. Vor dem Garen für mindestens eine Stunde in den Kühlschrank stellen.

Den Airfryer auf 180 °C vorheizen.

Jede Köfte mit einem kleinen Metallspießchen durchstecken, in das vorgeheizte Gerät legen und 10 Minuten lang frittieren; dabei nach der Hälfte der Garzeit wenden. Mit einem Fleischthermometer prüfen, ob die Köfte eine Innentemperatur von mindestens 70 °C erreicht haben – wenn nicht, noch ein paar Minuten weitergaren und dann servieren.

SCHWEINESCHNITZEL

4 x 100-g-Schweinemedaillons aus der Lende
4 Esslöffel Allzweckmehl (falls gewünscht, glutenfrei)
½ Teelöffel getrockneter Salbei
¼–½ Teelöffel Salz (je nach Geschmack)
¼ Teelöffel frisch gemahlener schwarzer Pfeffer
2 Eier
100 g frische Semmelbrösel
1 Esslöffel Olivenöl
Hasselback-Kartoffeln (siehe Seite 123), Apfelscheiben und grünes Gemüse, zum Anreichen

ZUTATEN
FÜR 4 PERSONEN

Eine ebenso überraschende wie einfache Möglichkeit, den köstlichen deutschen Küchenklassiker zuzubereiten. Als Beilage eignen sich Bratkartoffeln und Apfelspalten oder auch etwas Sauerkraut.

Die Schweinemedaillons jeweils einzeln in eine Plastiktüte geben und mit dem Ende eines Nudelholzes oder einem Fleischklopfers so lange klopfen, bis dünne Schnitzel entstehen (nicht dicker als 5 mm).

Mehl, Salbei, Salz und Pfeffer in einer flachen Schüssel vermischen. Die Eier in einer zweiten flachen Schüssel verquirlen und auch die Semmelbrösel in eine separate Schüssel geben.

Nun die Schweineschnitzel zuerst in das gewürzte Mehl, dann in das Ei und anschließend in die Semmelbrösel tauchen. Achten Sie darauf, dass die Schnitzel rundherum mit Paniermehl bedeckt sind.

Den Airfryer auf 180 °C vorheizen und die Schnitzel auf einer Airfryer-Einlage oder einem Stück perforiertem Backpapier auslegen. Etwa einen halben Esslöffel Olivenöl darüberträufeln. Das Ganze 3 Minuten lang frittieren, dann wenden, mit dem restlichen Olivenöl beträufeln und weitere 3 Minuten frittieren.

Schließlich mit einem Fleischthermometer vergewissern, dass die Innentemperatur des Schweinefleischs mindestens 63 °C erreicht hat – ansonsten noch einige Minuten weitergaren und dann mit den Kartoffeln, Apfelscheiben und dem grünen Gemüse servieren.

TERIYAKI-STEAK-SPIESSE

4 Lendensteaks, in 2,5 cm große Würfel geteilt
in Scheiben geschnittene rote Chilischoten, Frühlingszwiebeln und Koriander, zum Garnieren

MARINADE

60 ml Sojasoße (oder Tamari)
2 Esslöffel flüssiger Honig
1 Teelöffel Rohrohrzucker
½ Teelöffel brauner Reisessig
½ Teelöffel Zwiebelgranulat
1 ½ Teelöffel frisch geriebener Ingwer
1 ½ Teelöffel frisch geriebener Knoblauch

ZUTATEN
FÜR 4 PERSONEN

Diese japanisch inspirierte Marinade passt perfekt zur leichten Natursüße der Steakwürfel. So bekommt das Fleisch nicht nur einen tollen Geschmack, sondern erhält auch eine zartschmelzende Textur.

Für die Marinade alle Zutaten in einem Glas vermengen und kräftig schütteln.

Die Steaks 30 Minuten vor dem Braten aus dem Kühlschrank nehmen. In eine Schüssel legen, mit der Marinade bedecken und 30 Minuten bei Raumtemperatur ziehen lassen.

Den Airfryer auf 180 °C vorheizen.

Die marinierten Steakwürfel auf Metallspieße stecken und diese in das vorgeheizte Gerät geben. Je nachdem, wie durchgegart Sie das Fleisch mögen, 3 bis 5 Minuten lang frittieren. Mit Chili, Frühlingszwiebeln und Koriander bestreuen, anschließend sofort servieren.

SCHNELLE STEAKS

2 Lendensteaks (je 220g)
2 Teelöffel Olivenöl
Salz und frisch gemahlener schwarzer Pfeffer

ZUTATEN
FÜR 2 PERSONEN

Es gibt unzählige Möglichkeiten, ein Steak zuzubereiten. Dies dürfte die einfachste sein – und das Resultat ist köstlich zart.

Die Steaks eine Stunde vor dem Braten aus dem Kühlschrank nehmen. Mit dem Öl beträufeln, dann auf beiden Seiten mit Salz und Pfeffer einreiben. Bei Raumtemperatur eine Stunde marinieren lassen.

Den Airfryer auf 180 °C vorheizen.

Die Steaks in die vorgeheizte Heißluftfritteuse geben und 5 Minuten lang auf einer Seite braten, dann wenden und weitere 4 Minuten auf der anderen Seite braten (medium rare). Jetzt mit einem Fleischthermometer vergewissern, dass die Innentemperatur der Steaks 58 °C erreicht hat – wenn nicht, noch ein paar Minuten weitergaren. Vor dem Servieren kurz ruhen lassen.

GEFLÜGEL

HÜHNCHEN-FAJITAS

2 Hähnchenbrustfilets, in Streifen geschnitten
5 Mini-Paprikaschoten, in Streifen geschnitten
1 Zucchini, in 5 mm dicke Scheiben geschnitten
2 Esslöffel Olivenöl
1 Päckchen Fajita-Gewürzmischung (ca. 28 g)

DAZU:

Wraps
Avocado, in Scheiben geschnitten
gehackte Tomaten und rote Zwiebeln
geriebener würziger Käse (zum Beispiel Red Leicester)
Naturjoghurt
Koriander
Limettenspalten, zum Auspressen

ZUTATEN FÜR 3 PERSONEN

Fajitas zählen zur Kategorie der „Spaßgerichte“: Sobald Fleisch und Gemüse zubereitet sind, kann der „Bastelprozess“ mit den von Ihnen favorisierten Beilagen beginnen.

Hähnchen, Paprika, Zucchini und Olivenöl in einer Schüssel vermengen, dann das Fajita-Gewürz hinzufügen und umrühren.

Den Airfryer auf 180 °C vorheizen.

Gemüse und Hähnchen in das vorgeheizte Gerät geben und 12 Minuten lang frittieren; dabei die Schublade ein paar Mal leicht hin und her rütteln. Vergewissern Sie sich mit einem Fleischthermometer, dass die Innentemperatur des Hähnchens mindestens 74 °C erreicht hat – falls nicht, noch einige Minuten weitergaren. Anschließend sofort mit den genannten Vorschlägen oder anderen Beilagen Ihrer Wahl servieren.

PIZZA-CHICKEN-NUGGETS

60 g Semmelbrösel (siehe Seite 9)
20 g geriebener Parmesan
½ Teelöffel getrockneter Oregano
¼ Teelöffel frisch gemahlener schwarzer Pfeffer
150 g mediterrane Soße (siehe Seite 102) oder
150 g Pastasoße aus dem Glas (restliche Soße zum Servieren aufbewahren)
400 g Hühnerfilets

ZUTATEN FÜR 2 PERSONEN

Diese italienisch inspirierten Nuggets vereinen gleich zwei Klassiker – Pizza und Chicken Nuggets. Sie sind sowohl würzig und süß als auch besonders herzhaft.

Den Airfryer auf 180 °C vorheizen.

Semmelbrösel, Parmesan, Oregano und Pfeffer in einer Schüssel vermischen.

Die mediterrane Soße oder Pastasoße in einer separaten Schüssel bereithalten.

Jedes Hähnchenfilet zuerst in die Tomatensoße tauchen, dann in der Paniermehlmischung wälzen, bis es vollständig bedeckt ist. Die panierten Hähnchenfilets in die vorgeheizte Heißluftfritteuse geben und 10 Minuten lang frittieren. Vergewissern Sie sich nun mit einem Fleischthermometer, dass die Innentemperatur des Hähnchens mindestens 74 °C erreicht hat – ansonsten noch ein paar Minuten weitergaren.

Mit etwas Soße servieren (vorab erwärmen).

CORNFLAKES-CHICKEN-NUGGETS

100 g Cornflakes (falls gewünscht, glutenfrei)
70 g Allzweckmehl (falls gewünscht, glutenfrei)
2 Eier, verquirlt
½ Teelöffel Salz
¼ Teelöffel frisch gemahlener schwarzer Pfeffer
600 g Hähnchenfilets (kleine Stücke)

ZUTATEN FÜR 4 PERSONEN

Die knusprige Hülle dieser Nuggets ist etwas süßer und pikanter als bei der klassischen Variante – das kommt bei Jung und Alt gleichermaßen gut an.

Die Cornflakes in einer Küchenmaschine zerkleinern, bis die Konsistenz leicht krümelig ist. Das Mehl und die verquirlten Eier jeweils in eine Schüssel geben; mit Salz und Pfeffer würzen. Jedes Hähnchenfilet mit dem Mehl bestreichen und das überschüssige Mehl leicht abklopfen. Anschließend jedes Hähnchenfilet zunächst in das Ei und dann in die Cornflakes tauchen, bis es vollständig bedeckt ist.

Jetzt den Airfryer auf 180 °C vorheizen.

Die Hähnchenfilets in das vorgeheizte Gerät geben (je nach Größe der Heißluftfritteuse müssen sie eventuell in zwei Durchgängen gegart werden) und 10 Minuten lang frittieren; dabei nach der Hälfte der Garzeit wenden. Prüfen Sie dann mit einem Fleischthermometer, ob die Chicken-Nuggets eine Innentemperatur von mindestens 74 °C erreicht haben – falls nicht, noch wenige Minuten weitergaren und dann servieren.

VARIATION: EINFACHE CHICKEN-NUGGETS

Für eine noch unkompliziertere Zubereitung ersetzen Sie einfach die zerstoßenen Cornflakes durch 90 g Semmelbrösel (siehe Seite 9). Das übrige Vorgehen und das Frittieren erfolgen auf die gleiche Weise wie oben beschrieben.

GETREIDEFREIES HÜHNCHEN-KATSU

125 g gemahlene Mandeln
½ Teelöffel Salz
½ Teelöffel Knoblauchpulver
½ Teelöffel getrocknete Petersilie
½ Teelöffel frisch gemahlener schwarzer Pfeffer
¼ Teelöffel Zwiebelpulver
¼ Teelöffel getrockneter Oregano
450 g Hähnchenfilets (kleine Stücke)
1 Ei, verquirlt
Öl, zum Besprühen/Beträufeln
Korianderblätter, zum Anreichen

ZUTATEN
FÜR 2 PERSONEN

KATSU-SOSSE

1 Teelöffel Oliven- oder Avocadoöl
1 Zucchini (ca. 150 g), fein gewürfelt
1 Karotte (ca. 100 g), fein gewürfelt
1 Zwiebel (ca. 120 g), fein gehackt
1 Apfel (ca. 150 g), entkernt und fein gehackt
1 Teelöffel gemahlener Ingwer
1 Teelöffel gemahlener Kurkuma
2 Teelöffel gemahlener Kreuzkümmel
2 Teelöffel gemahlener Koriander
1 ½ Teelöffel mildes Chili/Chilipulver
1 Teelöffel Knoblauchpulver
1 ½ Esslöffel flüssiger Honig
1 Esslöffel Sojasoße (falls gewünscht, glutenfrei)
700 ml Gemüsebrühe

ZUTATEN
FÜR 4 PERSONEN

Ein Airfryer eignet sich hervorragend zur Zubereitung von knusprigen, panierten Speisen. Auch dieses Gericht ist hierfür ein köstliches Beispiel: Bei dieser Version eines Hühnchen-Katsu werden gewürzte gemahlene Mandeln verwendet. Alternativ können Sie auch panierte Hähnchenfilets verwenden, wenn Sie diese lieber mögen. Die Soße ist in jedem Fall ein Muss – sie passt auch hervorragend zu gedämpftem Reis und Pak Choi.

Bereiten Sie zuerst die Soße zu. Am einfachsten ist es, wenn Sie eine Küchenmaschine nutzen, um das Gemüse und den Apfel zu zerkleinern. Das Öl in einem großen Topf erhitzen und das fein gehackte Gemüse sowie den Apfel 5 Minuten lang anbraten. Alle Gewürze, den Honig, die Sojasoße sowie die Brühe hinzufügen und gut umrühren, dann zum Kochen bringen und 30 Minuten köcheln lassen.

In der Zwischenzeit die gemahlenen Mandeln, die Gewürze und die Gewürzmischung vermischen. Jedes Hähnchenfilet zunächst in das verquirlte Ei und dann in die Mandel-Gewürz-Mischung tauchen, sodass jedes vollständig bedeckt ist. Die Hähnchenfilets nun mit Olivenöl besprühen (oder einfach darüberträufeln).

Den Airfryer auf 180 °C vorheizen.

Die Hähnchenfilets in das vorgeheizte Gerät legen und 10 Minuten lang frittieren; dabei nach der Hälfte der Garzeit wenden. Jetzt mit einem Fleischthermometer vergewissern, dass die Innentemperatur des Hähnchens mindestens 74 °C erreicht hat – falls nicht, noch einige Minuten weitergaren.

Die gekochte Soße in einer Küchenmaschine pürieren, bis sie sämig ist. Das Hähnchen mit der Katsu-Soße beträufeln und servieren (ggf. die Soße vor dem Servieren leicht erwärmen) sowie mit Korianderblättern garnieren. Falls Sie die Soße nicht aufbrauchen, lässt sie sich gut einfrieren und kann ein anderes Mal wieder verwendet werden.

SATAY-HÄHNCHEN-SPIESSE

3 Hähnchenbrüste, in circa 3 x 3 cm große Würfel geschnitten

MARINADE

200 ml Kokosnussmilch aus der Dose (einschließlich des dickflüssigen Teils)
1 Knoblauchzehe, fein gehackt
2 Teelöffel frisch geriebener Ingwer
2 Esslöffel Sojasoße
1 gehäufter Esslöffel Erdnussbutter
1 Esslöffel Ahornsirup
1 Esslöffel mildes Currypulver
1 Esslöffel Fischsoße

ZUTATEN FÜR 4 PERSONEN

Diese reichhaltige Satay-Marinade besticht durch ihren köstlichen Erdnussgeschmack. Sie passt perfekt zu saftigen Hähnchenbruststücken und schmeckt hervorragend mit der Limetten-Mandel-Satay-Soße auf Seite 87.

Die Zutaten für die Marinade in einer Schüssel gründlich vermischen, dann das gewürfelte Hähnchenfleisch hineingeben und gut umrühren. Mindestens 4 Stunden im Kühlschrank marinieren lassen.

Den Airfryer auf 190 °C vorheizen und die Hähnchenwürfel auf 8 Metallspieße stecken.

In die vorgeheizte Heißluftfritteuse geben (je nach Größe des Geräts müssen die Spieße eventuell in zwei Durchgängen gegart werden). Dann 10 Minuten lang frittieren. Nun mit einem Fleischthermometer vergewissern, dass die Innentemperatur des Hähnchens mindestens 74 °C erreicht hat – sollte dies nicht der Fall sein, noch einige Minuten weitergaren und dann servieren.

CHICKEN TIKKA MASALA

2 Hähnchenbrustfilets, in Würfel geschnitten

ERSTE MARINADE

frisch gepresster Saft einer 1/2 Zitrone
1 Esslöffel frisch geriebener Ingwer
1 Esslöffel frisch geriebener Knoblauch
eine Prise Salz

ZWEITE MARINADE

100 g griechischer Joghurt
1/2 Teelöffel Chilipulver
1/2 Teelöffel Chilipaste
1/2 Teelöffel Kurkuma
1/2 Teelöffel Garam Masala
1 Esslöffel Olivenöl

ZUTATEN FÜR 2 PERSONEN

Ein tolles Rezept für zarte, saftige Hähnchenstücke – durch das zweistufige Marinieren werden sie besonders schmackhaft.

Die Zutaten für die erste Marinade in einer Schüssel vermischen, das Hähnchen dazugeben und umrühren, bis alle Hähnchenteile bedeckt sind. Dann 20 Minuten im Kühlschrank ziehen lassen.

Die Zutaten für die zweite Marinade verrühren. Sobald die erste Marinade 20 Minuten durchgezogen ist, die zweite Marinade zu dem Hähnchen geben und gut umrühren. Mindestens 4 Stunden im Kühlschrank ruhen lassen.

Dann den Airfryer auf 180 °C vorheizen und die Hähnchenteile auf Metallspieße stecken. Die Spieße in das vorgeheizte Gerät geben und 10 Minuten lang frittieren. Prüfen Sie dann mit einem Fleischthermometer, ob die Innentemperatur des Hähnchens mindestens 74 °C erreicht hat – falls nicht, noch ein paar Minuten weitergaren und dann servieren.

KOREANISCHE CHICKEN WINGS

6 Hähnchenflügel
1 Esslöffel Olivenöl
Salz und frisch gemahlener schwarzer Pfeffer
fein geschnittene Frühlingszwiebel oder Schalotten, zum Garnieren

GLASUR

2 Esslöffel Reisweinessig
1 1/2 Esslöffel Sojasoße
1 Esslöffel Rohrohrzucker
1 Teelöffel frisch geriebener Ingwer
1 Esslöffel Gochujang (koreanische Chilipaste)

ZUTATEN FÜR 2 PERSONEN

Diese Chicken Wings sind äußerst schmackhaft – Sie werden jeden noch so kleinen Happen abknabbern wollen.

Den Airfryer auf 200 °C vorheizen.

Die Hähnchenflügel in Öl schwenken und mit etwas Salz und Pfeffer würzen. In das vorgeheizte Gerät geben und 10 Minuten lang frittieren.

In der Zwischenzeit die Zutaten für die Glasur in einen kleinen Topf geben und bei mittlerer Temperatur erhitzen, bis der Reisweinessig reduziert ist. Die Glasur ist fertig, wenn Sie beim Umrühren der eingedickten Flüssigkeit kurz den Boden des Topfes sehen können.

Nach 10 Minuten Garzeit die Hähnchenflügel mit der Glasur bestreichen und danach weitere 5 Minuten im Airfryer frittieren. Prüfen Sie jetzt mit einem Fleischthermometer, ob die Chicken Wings eine Innentemperatur von mindestens 74 °C erreicht haben – wenn nicht, garen Sie sie noch ein paar Minuten länger. Anschließend mit Frühlingszwiebeln garniert servieren.

PUTEN-BURGER NACH THAI-ART

1 Zucchini, ca. 200 g
400 g Putenbrust (gehackt)
35 g frisches Paniermehl (falls gewünscht, glutenfrei)
1 Teelöffel Thai-Gewürzmischung
1 Teelöffel Salz
1 Teelöffel Olivenöl

ZUTATEN FÜR 4 PERSONEN

Bei diesem Rezept gibt die Zucchini dem Fleisch die feine Note und besondere Textur, vor allem aber entstehen durch sie herrlich saftige Burger.

Die Zucchini grob raspeln, in ein Stück Mulltuch geben und die Feuchtigkeit leicht auspressen. Die geraspelte Zucchini mit allen anderen Zutaten, außer dem Olivenöl, vermischen und gut vermengen. Die Mischung in 4 gleich große Portionen aufteilen, zu Pattys formen und mit Öl bepinseln.

Dann den Airfryer auf 190 °C vorheizen.

Die Puten-Pattys in das vorgeheizte Gerät geben und 15 Minuten lang frittieren; dabei nach der Hälfte der Garzeit einmal wenden. Jetzt mit einem Fleischthermometer vergewissern, dass die Innentemperatur der Burger mindestens 74 °C erreicht hat – wenn nicht, noch ein paar Minuten weitergaren und dann servieren.

SÜSS-KLEBRIGE CHICKEN-TIKKA-MASALA-KEULEN

12 Hühnerkeulen

MARINADE

100 g griechischer Joghurt
2 Esslöffel Tikka-Paste
2 Teelöffel Ingwerkonfitüre
frisch gepresster Saft von einer ½ Zitrone
¾ Teelöffel Salz

ZUTATEN FÜR 4 PERSONEN

Diese süße, klebrige Marinade auf Joghurtbasis ist eine großartige Möglichkeit, den ohnehin schon leckeren Hühnerkeulen noch mehr Geschmack zu verleihen.

Schneiden Sie die Hühnerkeulen mit einem scharfen Messer quer ein. Die Zutaten für die Marinade in einer Schüssel verrühren, dann die Keulen dazugeben. Die Keulen mit der Marinade einreiben und über Nacht oder mindestens 6 Stunden im Kühlschrank marinieren lassen.

Den Airfryer auf 200 °C vorheizen.

Legen Sie die Hühnenkeulen dann auf eine Airfryer-Einlage oder ein Stück perforiertes Backpapier und geben Sie sie anschließend in das vorgeheizte Gerät. Danach 6 Minuten lang frittieren, einmal umdrehen und weitere 6 Minuten frittieren. Anschließend mit einem Fleischthermometer vergewissern, dass die Innentemperatur der Keulen mindestens 75 °C erreicht hat – falls nicht, noch einige Minuten weitergaren und dann servieren.

HÄHNCHEN MILANESE

130 g Semmelbrösel (falls gewünscht, glutenfrei, siehe Seite 9)
50 g geriebener Parmesan
1 Teelöffel getrocknetes Basilikum
½ Teelöffel getrockneter Thymian
¼ Teelöffel frisch gemahlener schwarzer Pfeffer
1 Ei, verquirlt
4 Esslöffel Allzweckmehl (falls gewünscht, glutenfrei)
4 Hähnchenbrustfilets

ZUTATEN FÜR 4 PERSONEN

„Milanese" bedeutet ganz einfach, dass Fleisch in Ei und Semmelbrösel paniert und dann gegart wird. Ursprünglich wurde dieses Gericht mit Kalbfleisch zubereitet, diese Version mit Geflügel ist vor allem bei Jüngeren beliebt.

Semmelbrösel, Käse, Kräuter und Pfeffer in einer Schüssel mischen. In zwei separaten Schüsseln das Ei verquirlen und die Mehlmischung einfüllen. Jedes Filet zuerst in die Mehlmischung, dann in das Ei und anschließend in die gewürzten Semmelbrösel tauchen.

Den Airfryer auf 180 °C vorheizen.

Die panierten Hähnchenbrustfilets in das vorgeheizte Gerät geben und 12 Minuten lang frittieren. Prüfen Sie mit einem Fleischthermometer, ob die Innentemperatur des Hähnchens mindestens 74 °C erreicht hat – falls nicht, noch einige Minuten weitergaren.

HÜHNCHEN KIEW

4 Hähnchenbrustfilets
4 Esslöffel Allzweckmehl (falls gewünscht, glutenfrei)
1 Ei, verquirlt
130 g Semmelbrösel (falls gewünscht, glutenfrei, siehe Seite 9)

KNOBLAUCHBUTTER

60 g weiche, gesalzene Butter
1 große, fein gehackte Knoblauchzehe

ZUTATEN FÜR 4 PERSONEN

Hühnchen Kiew lässt sich im Airfryer besonders einfach zubereiten. Die Knoblauchbutter muss hierfür gefroren sein, bereiten Sie diese also am besten am Vortag zu.

Die Butter und den Knoblauch zerdrücken, zu einer Wurst formen und in 4 gleich große Scheiben schneiden. In den Gefrierschrank legen, bis sie gefroren sind.

In jedes Hähnchenbrustfilet einen tiefen horizontalen Schlitz schneiden, aber darauf achten, dass er nicht zu tief wird und Sie nicht komplett durchschneiden. In den Schlitz etwas gefrorene Knoblauchbutter legen. Das Mehl in eine flache Schüssel geben, auch das Ei und die Semmelbrösel jeweils in separate Schüsseln füllen. Jedes Hähnchenbrustfilet nacheinander in dem Mehl, dem Ei und den Semmelbröseln wälzen.

Die Heißluftfritteuse auf 180 °C vorheizen.

Die Hähnchenbrustfilets in das vorgeheizte Gerät geben und 12 Minuten lang frittieren, bis sie durchgebraten sind. Achtung: Die aufgelöste Butter in dem Fleischschlitz ist kein Indikator für den Gargrad. Testen Sie daher das Fleisch in der Mitte mit einem Fleischthermometer – es sollte mindestens 75 °C haben. Ansonsten noch einige Minuten weitergaren.

GANZES HÄHNCHEN

1,5 kg Huhn
2 Esslöffel Butter oder Kokosnussöl
Salz und frisch gemahlener schwarzer Pfeffer

ZUTATEN FÜR 4 PERSONEN

Der Airfryer bietet eine der schnellsten und zugleich schmackhaftesten Möglichkeiten, ein ganzes Hähnchen saftig und mit einer knusprigen Haut zu garen.

Das Huhn mit der Brustseite nach oben legen und die Butter oder das Öl vorsichtig zwischen Haut und Flanke jeder Brust geben, dann würzen.

Anschließend den Airfryer auf 180 °C vorheizen. Sollte das Hähnchen an das Heizelement des Gerätes stoßen, das Geflügel etwas tiefer legen.

Mit der Brustseite nach oben in den vorgeheizten Airfryer geben und 30 Minuten lang frittieren, dann umdrehen und weitere 10 Minuten garen. Prüfen Sie jetzt die Innentemperatur mit einem Fleischthermometer. Sobald sie an der dicksten Stelle 75 °C beträgt, das Hähnchen aus dem Airfryer nehmen, und vor dem Tranchieren 10 Minuten ruhen lassen. Zeigt das Thermometer weniger als 75 °C, einige Zeit weiter garen.

FISCH & MEERESFRÜCHTE

KABELJAU IM PARMASCHINKEN-MANTEL

2 x Kabeljaufilets (je circa 175 – 190 g), ohne Haut
6 Scheiben Parmaschinken
16 Kirschtomaten
60 g Rucola

DRESSING

1 Esslöffel Olivenöl
1½ Teelöffel Balsamico-Essig
Knoblauchsalz, nach Geschmack
frisch gemahlener schwarzer Pfeffer, nach Belieben

ZUTATEN FÜR 2 PERSONEN

Süße, saftige Kabeljaufilets, umhüllt von salzigem Parmaschinken – dies ergibt einen wunderbaren Geschmackskontrast. Dazu passt ein einfacher Salat aus Rucola und gerösteten Tomaten.

Den Airfryer auf 180 °C vorheizen.

Jedes Stück Kabeljaufilet fest in 3 Schinkenscheiben einwickeln. Dann zusammen mit den Tomaten in den vorgeheizten Airfryer geben und 6 Minuten lang frittieren; dabei den Fisch nach der Hälfte der Garzeit wenden. Mit einem Fleischthermometer vergewissern, dass die Innentemperatur des Fischs mindestens 60 °C erreicht hat – wenn nicht, noch eine Minute weitergaren.

In der Zwischenzeit alle Zutaten für das Dressing in einem Glas vermengen und dieses gut schütteln.

Servieren Sie den Kabeljau und die Tomaten auf einem Bett aus Rucola und geben Sie das Dressing darüber.

SEEBARSCH MIT GRÜNEM SPARGEL

2 x Seebarschfilets (je 100 g)
8 Stangen grüner Spargel
2 Teelöffel Olivenöl
Salz und frisch gemahlener schwarzer Pfeffer
gekochte neue Kartoffeln, als Beilage

KAPERN-DRESSING

1½ Esslöffel Olivenöl
geriebene Schale und frisch gepresster Saft von ½ Zitrone
1 Esslöffel kleine, eingemachte Kapern
1 Teelöffel Dijon-Senf
1 Esslöffel frisch gehackte Blattpetersilie

ZUTATEN
FÜR 2 PERSONEN

Diese Kombination aus Fisch und Spargel ist im Airfryer in weniger als 10 Minuten zubereitet. Genügend Zeit, um parallel das köstliche Kapern-Dressing herzustellen.

Den Airfryer auf 180 °C vorheizen.

Das Fleisch sowie den Spargel mit Olivenöl bestreichen und mit Salz und Pfeffer bestreuen.

Den Spargel in das vorgeheizte Gerät geben und 4 Minuten lang frittieren, dann wenden. Nun den Fisch in die Airfryer-Schublade legen. Das Ganze weitere 4 Minuten lang garen. Jetzt mit einem Fleischthermometer vergewissern, dass der Fisch eine Innentemperatur von mindestens 60 °C erreicht hat – falls nicht, noch eine Minute lang garen. In der Zwischenzeit das Dressing zubereiten, hierfür alle Zutaten in einem Glas vermischen und gut schütteln.

Das Dressing über den gekochten Fisch und die Spargelstangen gießen und alles mit den gekochten neuen Kartoffeln servieren.

FISCH IN ALUFOLIE

1 Esslöffel Avocado- oder Olivenöl, etwas zusätzliches Öl zum Einfetten
1 Esslöffel Sojasoße (oder Tamari)
1½ Teelöffel frisch geriebener Knoblauch
1½ Teelöffel frisch geriebener Ingwer
1 kleine Chili, fein gehackt
2 Fischfilets ohne Haut und Gräten (weißes Fleisch, Gesamtgewicht ca. 350 g)

ZUTATEN
FÜR 2 PERSONEN

Eine einfache Garmethode – und ein köstliches Gericht. Die Kombination aus Sojasoße, Knoblauch, Ingwer und Chili verleiht dem Fisch eine ganz besondere Geschmacksnote.

Öl, Sojasoße, Knoblauch, Ingwer und Chili für ein Topping verrühren. Zwei Alufolienstücke mit etwas Öl bepinseln und den Fisch in die Mitte der Folie legen. Das Topping mit einem Löffel auf dem Fisch verteilen. Dann die Folie so um den Fisch wickeln, dass ein flaches Päckchen entsteht, oberhalb des Fischs sollte ein kleiner Spalt offenbleiben

Die Heißluftfritteuse auf 180 °C vorheizen.

Die Folienpakete in das vorgewärmte Gerät geben und je nach Dicke der Filets 7–10 Minuten lang frittieren. Der Fisch ist gar, wenn sich das Fleisch beim Einstechen mit einer Gabel leicht löst. Anschließend sofort servieren.

PESTO-LACHS

4 x Lachsfilets
(je circa 150–175 g)
Zitronenspalten, zum Servieren

PESTO

50 g geröstete Pinienkerne
50 g frisches Basilikum
50 g geriebener Parmesan oder Pecorino
100 ml Olivenöl

ZUTATEN FÜR 4 PERSONEN

Der Parmesan und die Pinienkerne in Kombination mit Basilikum und Öl sind ebenso geschmacksintensiv wie köstlich: Das aromatische Pesto ergänzt diese saftigen Lachsfilets perfekt.

Für das Pesto die Pinienkerne, das Basilikum und den Parmesan in einer Küchenmaschine zu einer Paste zerkleinern. Das Olivenöl dazugeben und weiter verrühren.

Dann den Airfryer auf 160 °C vorheizen.

Jedes Lachsfilet mit 2 Esslöffeln des Pestos bestreichen, in die vorgeheizte Heißluftfritteuse geben und 9 Minuten lang frittieren. Anschließend mit einem Fleischthermometer vergewissern, dass die Innentemperatur des Fisches mindestens 63 °C erreicht hat – wenn nicht, noch einige Minuten weitergaren.

FISCHFRIKADELLEN AUS DEM VORRATSSCHRANK

400 g gekochte Kartoffeln (alternativ Kartoffelpüree oder Pellkartoffeln) (siehe Seite 124)
2 x Thunfisch oder Lachs in der Dose (je 150–200 g), abgetropft
2 Eier
1 gestrichener Teelöffel Salz
1 Teelöffel getrocknete Petersilie
½ Teelöffel frisch gemahlener schwarzer Pfeffer
1 Esslöffel Olivenöl
Kapern-Dressing (siehe Seite 79), zum Servieren

ZUTATEN FÜR 3 PERSONEN

Ein ideales Abendessen für einen Tag unter der Woche, wenn es schnell gehen soll und Ihnen die frischen Zutaten und Ideen ausgegangen sind! Aus einfachen Grundnahrungsmitteln hergestellt, die Sie in Ihrem Vorratsschrank oder im Kühlschrank finden, sind diese Frikadellen – ergänzt durch einen knackigen Salat – ein willkommenes Gericht.

Gekochte Kartoffeln, Fisch, Eier, Salz, Petersilie und Pfeffer in einer Schüssel vermischen, dann in 6 gleich große Portionen aufteilen und zu Fischfrikadellen formen. Jede Frikadelle auf beiden Seiten mit Olivenöl beträufeln.

Den Airfryer auf 180 °C vorheizen.

Die Fischfrikadellen in das vorgewärmte Gerät geben und 15 Minuten lang frittieren; nach der Hälfte der Garzeit wenden. Mit Salat und Tartarsauce oder Kapern-Dressing servieren.

CAJUN-GARNELEN-SPIESSE

350 g Riesengarnelen

MARINADE

1 Teelöffel Paprikapulver
1 Teelöffel Rohrohrzucker
1 Teelöffel Salz
1/2 Teelöffel Zwiebelpulver
1/2 Teelöffel Senfpulver
1/4 Teelöffel getrockneter Oregano
1/4 Teelöffel getrockneter Thymian
1 Teelöffel Weißweinessig
2 Teelöffel Olivenöl

ZUTATEN FÜR 2 PERSONEN

Diese Kombination aus süß, pikant und salzig macht die Garnelen sehr saftig – sie eignen sich ideal als Vorspeise. Einmal eingelegt in der Marinade und frittiert, können sie in wenigen Minuten serviert werden.

Alle Zutaten für die Marinade in einer Schüssel vermischen. Die Garnelen unter die Marinade heben und die Schüssel abdecken. Mindestens eine Stunde lang im Kühlschrank marinieren lassen.

Dann den Airfryer auf 180 °C vorheizen.

Auf jeden Spieß 4–5 Garnelen stecken. Die Spieße in die vorgeheizte Heißluftfritteuse geben und 2 Minuten lang frittieren, dann drehen und weitere 2 Minuten lang garen. Nun mit einem Fleischthermometer prüfen, ob die Garnelen eine Innentemperatur von mindestens 50 °C erreicht haben – falls nicht, noch ein paar Minuten weitergaren. Anschließend sofort servieren.

KNUSPRIGE CAJUN-FISCHSTÄBCHEN

350 g Kabeljau (Rückenstücke)
1 Teelöffel Paprikapulver
1/2 Teelöffel Cayennepfeffer
1/2 Teelöffel Zwiebelgranulat
1 gestrichener Teelöffel getrockneter Oregano
1/4 Teelöffel getrockneter Thymian
1/2 Teelöffel Salz
1/2 Teelöffel Rohrzucker
40 g Semmelbrösel (falls gewünscht, glutenfrei, siehe Seite 9)
2 Esslöffel Allzweckmehl (falls gewünscht, glutenfrei)
1 Ei, verquirlt

ZUTATEN FÜR 2 PERSONEN

Diese Gewürzkombination hebt einfache Fischstäbchen auf ein neues Geschmacksniveau – sie bietet großartige Aromen und ist auch für jüngere Gaumen nicht zu scharf.

Schneiden Sie den Kabeljau in 6 gleich große Stücke. Gewürze, Kräuter, Salz und Zucker mit dem Paniermehl vermischen. Bereiten Sie dann 3 Schüsseln vor: eine mit Mehl, eine mit verquirltem Ei und eine mit dem Cajun-Gewürz-Paniermehl. Tauchen Sie die Fischstäbchen erst in das Mehl, dann in das Ei und anschließend in die Semmelbrösel, bis sie vollständig umhüllt sind.

Den Airfryer auf 180 °C vorheizen.

Die Fischstäbchen in das vorgeheizte Gerät geben und 6 Minuten lang frittieren, bis sie innen gar sind. Dann mit einem Fleischthermometer vergewissern, dass die Innentemperatur des Fisches mindestens 75 °C erreicht hat – falls nicht, noch ein paar Minuten weitergaren.

FISCHFILETS IN HAFER-PARMESAN-KRUSTE

20 g frische Semmelbrösel
25 g Haferflocken
15 g geriebener Parmesan
1 Ei
2 x Fischfilets (weißes Fleisch, mit Haut, je circa 175 g)
Salz und frisch gemahlener schwarzer Pfeffer

ZUTATEN
FÜR 2 PERSONEN

Diese Parmesan-Krume ermöglicht es, Fisch auf eine noch gesündere Art zu genießen. Schmeckt köstlich mit rohem Krautsalat und Zitronenspalten.

Den Airfryer auf 180 °C vorheizen.

Semmelbrösel, Haferflocken und Parmesan in einer Schüssel mischen und jeweils eine Prise Salz und Pfeffer unterrühren. In einer zweiten Schüssel das Ei verquirlen. Die Fischfilets in das Ei tauchen, dann mit der Hafermischung bestreichen.

Anschließend in der vorgeheizten Fritteuse auf einer Einlage oder einem Stück perforiertem Backpapier ausbreiten. 10 Minuten lang frittieren. Der Fisch ist gar, wenn das Fleisch beim Einstechen mit einer Gabel gerade leicht zerfällt, dann sofort servieren.

FISCHSTÄBCHEN IN PARMESAN-KRUSTE

350 g Kabeljau (Rückenstücke)
1 Esslöffel geriebener Parmesan
40 g Semmelbrösel (falls gewünscht, glutenfrei, siehe Seite 9)
1 Ei, verquirlt
2 Esslöffel Allzweckmehl (falls gewünscht, glutenfrei)

ZUTATEN
FÜR 2 PERSONEN

Fischstäbchen sind lecker, auch solche aus dem Supermarkt. Wer eventuelle Zusatzstoffe vermeiden möchte, kann sie allerdings ganz einfach selbst herstellen, am besten gleich mit einem Hauch von Käse in der Kruste.

Den Kabeljau in 6 gleich große Fischstäbchen schneiden und den Parmesan mit den Semmelbröseln mischen.

Drei Schüsseln vorbereiten: eine mit Mehl, eine mit verquirltem Ei und eine dritte mit Parmesanbröseln. Tauchen Sie die Fischstäbchen dann nacheinander in das Mehl, das Ei und die Semmelbrösel ein, bis sie vollständig bedeckt sind.

Den Airfryer auf 180 °C vorheizen, dann den Fisch in das vorgeheizte Gerät geben und 6 Minuten lang frittieren. Nun mit einem Fleischthermometer vergewissern, dass die Innentemperatur des Fisches mindestens 75 °C erreicht hat – falls dies nicht der Fall ist, noch einige Minuten weitergaren. Anschließend sofort servieren.

THUNFISCH-FRIKADELLEN NACH THAI-ART

200 g gekochte Kartoffeln
145 g Thunfisch in der Dose, abgetropft
60 g Mais aus der Dose (Abtropfgewicht)
½ Teelöffel Sojasoße
½ Teelöffel Fischsoße
½ Teelöffel Thai-Gewürzmischung
frisch gepresster Saft von ½ Limette
1 Teelöffel frisch geriebener Knoblauch
1 Teelöffel frisch geriebener Ingwer
Avocado- oder Olivenöl, zum Einpinseln

LIMETTEN-MANDEL-SATAY-SOSSE

20 ml frischer Limettensaft
2 gehäufte Esslöffel Mandelbutter
1 Teelöffel Sojasoße
½ Teelöffel frisch geriebener Ingwer
½ Teelöffel frisch geriebener Knoblauch
½ Teelöffel Avocado- oder Olivenöl
½ Teelöffel Ahornsirup

ZUTATEN FÜR 2 PERSONEN

Diese süßsauren Fischfrikadellen sind lecker und sehr sättigend. Statt gekochter Kartoffeln können Sie auch Kartoffelpüree oder das Innere einer Pellkartoffel verwenden (siehe Seite 124).

Alle Zutaten für die Fischfrikadellen in einer Küchenmaschine vermengen. Die Mischung in 6 gleich große Portionen aufteilen und zu Fischfrikadellen formen. Die Oberseite der Frikadellen mit ein wenig Öl bestreichen.

Jetzt die Heißluftfritteuse auf 180 °C vorheizen.

Die Fischfrikadellen auf eine Airfryer-Einlage oder ein Stück perforiertes Backpapier legen und in das vorgeheizte Gerät geben. Dort 4 Minuten lang frittieren, dann umdrehen, die andere Seite der Frikadellen mit Öl bestreichen und weitere 4 Minuten lang frittieren.

Für den Satay-Dip alle Zutaten in einer Schüssel mit einem Esslöffel warmem Wasser vermischen. Anschließend zu den Fischfrikadellen servieren.

GARNELEN MIT KNOBLAUCH-PETERSILIE

300 g rohe Riesengarnelen (geschält)
40 g weiche Knoblauchbutter (siehe Seite 72)
2 Esslöffel frisch gehackte Petersilie

ZUTATEN FÜR 2 PERSONEN

Verwöhn-Momente in wenigen Minuten: Die saftigen, zartschmelzenden Garnelen sind Fast Food in seiner einfachsten und besten Form.

Stecken Sie die Garnelen auf 6 Metallspieße (entsprechend der Größe Ihres Airfryer-Geräts). Die weiche Knoblauchbutter und die Petersilie vermischen und die Garnelenspieße gleichmäßig damit bestreichen, dann die Fritteuse auf 180 °C vorheizen.

Legen Sie die Spieße auf eine Airfryer-Einlage oder ein Stück perforiertes Backpapier. Dann in das vorgeheizte Gerät geben und 2 Minuten lang frittieren, umdrehen und weitere 2 Minuten frittieren. Jetzt mit einem Fleischthermometer vergewissern, dass die Garnelen eine Innentemperatur von mindestens 50 °C erreicht haben – falls nicht, einige Minuten weitergaren und sofort servieren.

VEGETARISCH & VEGAN

ROMANO-PAPRIKA MIT QUINOA GEFÜLLT

1 Esslöffel Olivenöl
1 Zwiebel, gewürfelt
1 Knoblauchzehe, gehackt
100 g ungekochte Quinoa
1 1/2 Esslöffel Fajita-Gewürz
140 g Mais aus der Dose (Abtropfgewicht)
3 Romano-Paprikaschoten (der Länge nach aufgeschnitten, entkernt, Stiel belassen)
60 g geriebener reifer Cheddar

ZUTATEN FÜR 2 PERSONEN

Diese würzige Quinoa-Füllung harmoniert hervorragend mit der natürlichen Süße der Paprikaschoten.

Das Öl in einem Topf erhitzen, die Zwiebel und den Knoblauch hinzufügen und 5 Minuten anbraten, bis sie weich sind. Quinoa, Fajita-Gewürz und 250 ml Wasser hinzufügen. Zum Köcheln bringen, dann mit einem Deckel abdecken und weitere 15 Minuten köcheln lassen, bis die Quinoa das Wasser gänzlich aufgesogen hat und gar ist. Dann die Maiskörner einrühren. Jede Paprikahälfte mit der Quinoa-Mischung füllen und mit geriebenem Käse belegen.

Den Airfryer auf 180 °C vorheizen.

Die Paprikahälften auf eine Airfryer-Einlage oder ein Stück perforiertes Backpapier legen, in das vorgeheizte Gerät schieben und 12–14 Minuten frittieren, je nachdem, wie stark „gegrillt" Sie Ihre Paprika mögen.

SATAY-TOFU-SPIESSE

300 g fester Tofu
Limetten-Mandel-Satay-Soße (siehe Seite 87), zum Anreichen

MARINADE

200 ml Kokosnussmilch (einschließlich des dickflüssigen Teils)
1 pralle Knoblauchzehe, fein gehackt
2 Teelöffel geriebener Ingwer
2 Esslöffel Sojasoße
1 gehäufter Esslöffel cremige Erdnussbutter
1 Esslöffel Ahornsirup
1 Esslöffel mildes Currypulver
1 Esslöffel Fischsoße oder pflanzliche Alternative

ZUTATEN FÜR 2 PERSONEN

Diese Marinade harmoniert ausgezeichnet mit dem Geschmack und der Beschaffenheit des Tofus. Zu diesen Spießen passt wunderbar die Limetten-Mandel-Satay-Soße von Seite 87.

Den Tofu in 2 x 2 cm große Würfel schneiden, die Zutaten für die Marinade gründlich mischen und die Tofuwürfel darin wenden. Sie sollten vollständig mit der Marinade bedeckt sein. Anschließend mindestens 4 Stunden im Kühlschrank ziehen lassen.

Dann den Airfryer auf 180 °C vorheizen.

Die Tofuwürfel auf 4 Spieße stecken (passend für Ihre Gerätegröße), auf eine Fritteusen-Einlage oder ein Stück perforiertes Backpapier legen und in das vorgeheizte Gerät geben. Dort 12 Minuten lang frittieren; nach der Hälfte der Zeit einmal umdrehen.

Anschließend die Tofu-Spieße zusammen mit der Limetten-Mandel-Satay-Soße servieren.

PILZE MIT PIZZASOSSE

2 große Champignons, geputzt und ohne Stiel
6 Mini-Mozzarellakugeln
1 Teelöffel Olivenöl

PIZZASOSSE

100 g passierte Tomaten
1 Teelöffel getrockneter Oregano
¼ Teelöffel Knoblauchsalz

ZUTATEN FÜR 1 PERSON

Auch Pilze lassen sich perfekt im Airfryer garen – so wird ihr Geschmack intensiviert und sie bleiben schön saftig. Kombiniert man sie zudem mit einer einfachen Pizzasoße und Mozzarella, ergibt sich eine köstliche Gesamtkomposition.

Den Airfryer auf 180 °C vorheizen und die Zutaten für die Pizzasoße in einer kleinen Schüssel verrühren. Die umgedrehten Champignons mit der Soße füllen, dann jeweils drei Mozzarellakugeln darauflegen und mit Olivenöl beträufeln.

Die Pilze in die vorgeheizte Heißluftfritteuse geben und 8 Minuten lang frittieren. Anschließend sofort servieren.

PIZZA IN NUR ZWEI SCHRITTEN

BASIS

130 griechischer Joghurt
125 g selbsttreibendes Mehl (falls gewünscht, glutenfrei), zusätzlich etwas Mehl zum Bestäuben
¼ Teelöffel Salz

PIZZASOSSE

100 g passierte Tomaten
1 Teelöffel getrockneter Oregano
¼ Teelöffel Knoblauchsalz

BELAG

75 g Mozzarella, frische Basilikumblätter, zum Garnieren

ZUTATEN FÜR 1 PERSON

Was könnte einfacher sein als eine Pizza in nur zwei Schritten? Diese leckere Variante ist erstaunlich schnell zubereitet und lässt sich ganz nach Geschmack belegen.

Mischen Sie die Grundzutaten in einer Schüssel. Wenn die Mischung eine krümelige Konsistenz aufweist, den Teig mit den Händen zu einer Kugel formen. Auf ein bemehltes Stück Backpapier geben und etwa 5 mm dick ausrollen. Dann auf ein zweites Stück Backpapier (ohne Mehl) legen.

Den Airfryer auf 200 °C vorheizen.

In der Zwischenzeit die Zutaten für die Pizzasoße in einer kleinen Schüssel verrühren und beiseitestellen.

Den Pizzaboden mit einer Gabel an mehreren Stellen einstechen, auf dem Backpapier in das vorgeheizte Gerät geben und 5 Minuten lang frittieren. Dann einmal umdrehen, die obere Seite mit der Pizzasoße bestreichen und mit dem Mozzarella belegen. Weitere 3–4 Minuten im Airfryer belassen, bis der Käse geschmolzen ist. Herausnehmen, das Basilikum darüberstreuen und sofort servieren.

AUBERGINEN-PARMIGIANA

2 kleine (oder 1 große) Auberginen, in 5 mm dicke Scheiben geschnitten
1 Esslöffel Olivenöl
3/4 Teelöffel Salz
200 g Mozzarella, in Scheiben geschnitten
1/2 Teelöffel frisch gemahlener schwarzer Pfeffer
20 g fein geriebener Parmesan
dazu etwas grünes Gemüse, zum Anreichen

SOSSE

135 g passierte Tomaten
1 Teelöffel getrockneter Oregano
1/4 Teelöffel Knoblauchsalz
1 Esslöffel Olivenöl

ZUTATEN
FÜR 2 PERSONEN ALS HAUPTGERICHT ODER FÜR 4 PERSONEN ALS BEILAGE

Luftfrittierte Auberginen schmecken köstlich und sind im Nu zubereitet. Mit weiteren Zutaten kombiniert, entsteht ein ganz eigenes Geschmackserlebnis in Form dieser leckeren Auberginen-Parmigiana.

Den Airfryer auf 200 °C vorheizen.

Die Auberginenscheiben mit Olivenöl und Salz einreiben, dann hälftig aufteilen. Eine Hälfte in den vorgeheizten Airfryer legen und 4 Minuten auf einer Seite, anschließend 2 Minuten auf der anderen Seite frittieren. Dann mit den Auberginenscheiben den Boden einer Auflaufform belegen, und diese zunächst zur Seite stellen, bis die zweite Hälfte der Auberginenscheiben auf die gleiche Weise frittiert ist.

In der Zwischenzeit die Zutaten für die Soße in einer kleinen Schüssel verrühren. Im Anschluss verteilen Sie die Soße über die Auberginen in der Auflaufform. Eine Lage Mozzarellascheiben daraufgeben und mit Pfeffer würzen.

Nun die zweite Schicht Auberginenscheiben auflegen, dann den Parmesan darüber streuen. Die Auflaufform in die Heißluftfritteuse stellen und 6 Minuten lang backen, bis der Mozzarella geschmolzen und oben goldbraun ist.

Anschließend sofort servieren, als Beilage eignet sich grünes Gemüse.

ZIEGENKÄSE-TÖRTCHEN

1 fertiger Blätterteigboden, 35 x 23 cm (falls gewünscht, glutenfrei)
4 Esslöffel Pesto (aus dem Glas oder selbstgemacht, siehe Seite 80)
4 geröstete Paprikaschoten (siehe Seite 120)
4 Esslöffel weicher Ziegenkäse
2 Teelöffel Milch (falls gewünscht, auf pflanzlicher Basis)

ZUTATEN FÜR 2 PERSONEN

Fertiger Blätterteig lässt sich in der Heißluftfritteuse ganz einfach und schnell zubereiten. Diese Törtchen sind ein herrlich leichtes Mittagessen, wenn man wenig Zeit hat.

Den Teigboden entlang der langen Kante halbieren, sodass zwei kleinere Rechtecke entstehen. Die Seiten jedes Teigrechtecks einklappen, um eine Umrandung zu formen. Mit einer Gabel einige kleine Löcher in den Teigboden stechen. Beide Rechtecke mit dem Pesto bestreichen und mit Paprika sowie mit Ziegenkäse belegen. Die Teigkruste mit Milch bestreichen.

Heizen Sie dann den Airfryer auf 180 °C vor.

Ein Törtchen auf einen Airfryer-Einsatz oder ein Stück perforiertes Backpapier in das vorgeheizte Gerät legen und 6 Minuten lang frittieren (die Törtchen müssen nacheinander gegart werden). Den Vorgang mit dem zweiten Törtchen wiederholen.

KLEINE QUICHES MIT KÄSE, TOMATEN UND PESTO

40 g geriebener reifer Cheddar
3 Eier, verquirlt
3 Kirschtomaten, fein gestückelt
Salz und frisch gemahlener schwarzer Pfeffer
½ Teelöffel Olivenöl, zum Einfetten der Förmchen
2 Esslöffel Pesto (aus der Dose oder selbstgemacht, siehe Seite 80)

ZUTATEN FÜR 1–2 PERSONEN

Diese Quiches in Auflaufförmchen eignen sich perfekt zum Frühstück oder als kleines Mittagessen – sie schmecken pur oder mit einem Salat serviert.

Den Airfryer auf 180 °C vorheizen. Käse, Eier, Tomaten, Salz und Pfeffer in einer Schüssel vermischen.

Die Auflaufförmchen mit Öl einfetten (oder mit Backpapier auslegen, so können Sie die Quiches zum Servieren ganz einfach herausnehmen).

Die Eimasse in passende Förmchen gießen, in den vorgeheizten Airfryer geben und 10 Minuten lang frittieren; dabei die Masse nach der Hälfte der Garzeit kurz umrühren.

Anschließend einen Esslöffel Pesto über jede Quiche träufeln und das Ganze heiß servieren.

PASTA MIT GEBACKENEM FETA, TOMATEN UND KNOBLAUCH

100 g Feta, gewürfelt (alternativ pflanzlicher Feta)
20 Kirschtomaten
2 Knoblauchzehen, geschält und halbiert
3/4 Teelöffel Oregano
1 Teelöffel Chiliflocken
1/2 Teelöffel Knoblauchsalz
2 Esslöffel Olivenöl
100 g gekochte Nudeln plus etwa 1 Esslöffel Kochwasser
frisch gemahlener schwarzer Pfeffer

ZUTATEN FÜR 2 PERSONEN

Ein Trend, der das Internet seit Kurzem im Sturm erobert, sind einfache Gerichte mit gebackenem Feta und Tomaten als simple Nudelsoße. Dies ist meine Airfryer-Variante.

Den Airfryer auf 200 °C vorheizen.

Feta, Tomaten und Knoblauch in eine Auflaufform füllen. Oregano, Chiliflocken, Knoblauchsalz und Olivenöl darübergeben. Die Form in das vorgeheizte Gerät stellen und das Ganze 10 Minuten lang frittieren, dann herausnehmen und die fertig gekochten Nudeln sowie etwas Kochwasser einrühren. Anschließend mit schwarzem Pfeffer bestreut servieren.

SAGANAKI

200 g Kefalotyri oder Manouri-Käse, in 1 cm dicke Scheiben geschnitten
2 Esslöffel Mehl (Typ 550)
etwas Olivenöl zum Beträufeln

ZUTATEN FÜR 2 PERSONEN

Hinter der Bezeichnung „Saganaki“ verbergen sich eine Reihe leckerer griechischer Gerichte, die in einer kleinen Pfanne („Saganaki“) zubereitet werden. Man kann dafür verschiedene Käsesorten verwenden, zum Beispiel Kefalotyri, ein harter, salziger Käse mit einem leicht pikanten Nachgeschmack. Gut geeignet ist auch der etwas krümeligere Manouri, ein Nebenerzeugnis der Fetaproduktion.

Den Airfryer auf 200 °C vorheizen.

Die Käsescheiben einzeln in das Mehl tauchen, dann den Überschuss leicht abklopfen. Beidseitig mit Olivenöl beträufeln.

Den Käse in das vorgeheizte Gerät geben und 3 Minuten lang frittieren. Anschließend aus dem Airfryer nehmen und gleich servieren.

SHAKSHUKA

2 Eier

BASIS

100 g dünn geschnittene Paprikaschoten
1 rote Zwiebel, halbiert und in dünne Scheiben geschnitten
2 mittelgroße Tomaten, gewürfelt
2 Teelöffel Olivenöl
¼ Teelöffel Salz
¼ Teelöffel frisch gemahlener schwarzer Pfeffer
½ Teelöffel Chiliflocken

SOSSE

100 g passierte Tomaten
1 Esslöffel Tomatenmark
1 Teelöffel Balsamico-Essig
½ Teelöffel flüssiger Honig
½ Teelöffel gemahlener Kreuzkümmel
½ Teelöffel Paprikapulver
¼ Teelöffel Salz
⅛ Teelöffel frisch gemahlener schwarzer Pfeffer

ZUTATEN FÜR 2 PERSONEN

In diesem Gericht vereinen sich Paprika und Zwiebeln in einer Tomatensoße auf hervorragende Weise mit cremigen, frisch gekochten Eiern zu einem leckeren Ganzen.

Den Airfryer auf 180 °C vorheizen.

Die Basiszutaten in einer Auflaufform vermengen, dann in den vorgeheizten Airfryer geben und 10 Minuten lang frittieren; dabei nach der Hälfte der Garzeit umrühren.

In der Zwischenzeit die Zutaten für die Soße in einer Schüssel vermengen und nach Ablauf der 10 Minuten in die Auflaufform gießen. Umrühren, dann in die Soße einige Vertiefungen für die Eier eindrücken. Die Eier hineingeben und weitere 5 Minuten lang kochen, bis sie gerade gar sind und das Eigelb noch flüssig ist. Anschließend aus dem Airfryer nehmen und direkt servieren.

ARANCINI

300 g übriggebliebenes kaltes Risotto
2 Esslöffel Allzweckmehl (falls gewünscht, glutenfrei)
1 Ei, verquirlt
65 g Semmelbrösel (falls gewünscht, glutenfrei, siehe Seite 9)
frische Basilikumblätter, zum Garnieren

MEDITERRANE SOSSE

1 Teelöffel Olivenöl
1 rote Paprika, gehackt
1 Zwiebel, gehackt
2 Teelöffel gehackter Knoblauch
1 Esslöffel Tomatenketchup (falls gewünscht, zucker- und salzreduziert)
½ Teelöffel Salz
1 Teelöffel getrockneter Oregano
150 ml Wasser
400 g gestückelte Tomaten (Dose)

ZUTATEN FÜR 2–3 PERSONEN

Diese köstlichen Arancini sind ideal, um übrig gebliebenes Risotto vom Vortag zu verwerten.

Für die Soße einen Topf auf mittlerer Stufe erhitzen und das Öl hinzufügen. Sobald es heiß ist, die Paprika, die Zwiebel und den Knoblauch hinzufügen. Alles 5 Minuten lang anbraten, dann alle anderen Zutaten hinzufügen und erneut umrühren. Zum Kochen bringen und 15 Minuten köcheln lassen, während Sie die Arancini zubereiten.

Den Airfryer auf 180 °C vorheizen.

Das übrig gebliebene Risotto in 6 gleich große Portionen aufteilen und zu Kugeln formen. Jeweils 1 Schüssel mit Mehl, Ei und Semmelbröseln bereitstellen. Alle Kugeln nacheinander in dem Mehl, dem Ei und in den Semmelbröseln wälzen, bis sie vollständig umhüllt sind.

Dann in den vorgeheizten Airfryer geben und 7 Minuten lang frittieren. Jetzt mit einem Fleischthermometer vergewissern, dass die Innentemperatur der Arancini 74 °C erreicht hat – falls nicht, noch einige Minuten weitergaren. Anschließend mit Basilikumblättern garnieren und mit der mediterranen Soße servieren.

BUTTERNUSSKÜRBIS-FALAFEL

500 g gefrorene Butternusskürbiswürfel
1 Esslöffel Olivenöl, plus zusätzlich etwas Öl zum Kochen
100 g Kichererbsen aus der Dose oder gekocht (Abtropfgewicht)
20 g Kichererbsenmehl
1 Teelöffel gemahlener Kreuzkümmel
½ Teelöffel gemahlener Koriander
½ Teelöffel Salz

ZUTATEN
FÜR 2 PERSONEN

Wenn Sie den Butternusskürbis zuerst im Airfryer garen und ihn dann zu den restlichen Falafel-Zutaten geben, werden die Pattys saftiger und süßer. Diese Falafel schmecken hervorragend mit Hummus und Salat.

Den Airfryer auf 180 °C vorheizen, dann den gefrorenen Butternusskürbis in Olivenöl schwenken, in das vorgeheizte Gerät geben und 12–14 Minuten lang frittieren, bis er weich, aber nicht karamellisiert ist. Anschließend aus dem Airfryer nehmen und den Kürbis mit einem Kartoffelstampfer zerdrücken oder in einer Küchenmaschine pürieren, dann mit den Kichererbsen, dem Mehl, den Gewürzen und dem Salz vermischen. Die Mischung abkühlen lassen, in 6 gleich große Portionen aufteilen und zu Pattys formen.

Jetzt den Airfryer erneut auf 180 °C vorheizen.

Die Pattys mit etwas Olivenöl besprühen, in die vorgeheizte Fritteuse geben und 10 Minuten lang frittieren; dabei einmal (vorsichtig) wenden. Anschließend heiß oder kalt genießen.

KICHERERBSEN-FALAFEL

400 g Kichererbsen aus der Dose (abtropfen lassen und kurz abspülen)
3 Esslöffel frisch gehackter Koriander
1 Knoblauchzehe, gehackt
frisch gepresster Saft von einer ½ Zitrone
1 Teelöffel gemahlener Kreuzkümmel
1 Teelöffel geräuchertes Paprikapulver
1 Teelöffel Salz
2 Teelöffel Olivenöl (und zusätzlich etwas Öl in einer Sprühflasche oder zum Darüberträufeln)
½ Teelöffel Chiliflocken

ZUTATEN
FÜR 2 PERSONEN

Diese pikant gewürzten Falafel passen perfekt zu Pitabrot, Salat und einem Löffel Tzatziki (siehe Seite 51).

Alle Zutaten außer den Chiliflocken in einer Küchenmaschine vermengen. Die Mischung in 6 gleich große Portionen aufteilen und zu Pattys formen.

Jetzt die Heißluftfritteuse auf 180 °C vorheizen.

Alle Falafel mit etwas Olivenöl besprühen und mit Chiliflocken bestreuen, dann in den vorgewärmten Airfryer geben und 7 Minuten lang frittieren, bis die Oberfläche leicht gebräunt ist. Anschließend vorsichtig herausnehmen und servieren.

MISO-PILZE AUF GERÖSTETEM SAUERTEIG-BROT

1 Teelöffel Miso-Paste
1 Teelöffel Öl, z. B. Avocado- oder Kokosnussöl
1 Teelöffel Sojasoße
80 g Maronenpilze, in 5 mm dicke Scheiben geschnitten
1 große Scheibe Sauerteigbrot
2 Teelöffel Butter oder pflanzlicher Brotaufstrich
etwas frisch gehackte Petersilie, zum Garnieren

ZUTATEN FÜR 1 PERSON

Dieses Gericht besticht durch eine Fülle von köstlichen Aromen und Texturen. Es lässt sich problemlos auch für zwei Personen erweitern, je nach Größe Ihres Airfryers müssen Sie das Brot unter Umständen nach den Pilzen zubereiten.

Den Airfryer auf 200 °C vorheizen.

Miso-Paste, Öl und Sojasoße in einer kleinen Schüssel oder Auflaufform verrühren.

Die Pilze in eine kleine flache Auflaufform geben, die für Ihre Gerätegröße passt, dann die Soße dazugeben und das Ganze verrühren. Jetzt die Auflaufform in die vorgeheizte Fritteuse stellen und 6–7 Minuten lang frittieren; dabei einmal umrühren.

Vier Minuten vor Ende der Garzeit das Brot in die Fritteuse geben, nach 2 Minuten wenden und die Pilze ein letztes Mal umrühren.

Nach dem Rösten die Brotscheibe mit Butter bestreichen. Anschließend mit den Pilzen und mit gehackter Petersilie bestreut servieren.

GEBACKENE AUBERGINENSCHEIBEN MIT JOGHURTDRESSING

1 Aubergine, in 1,5 cm dicke Scheiben geschnitten
3 Esslöffel Olivenöl
½ Teelöffel Salz

JOGHURT-DRESSING

1 kleine Knoblauchzehe
1 Esslöffel Tahini oder Nussbutter
100 g griechischer Joghurt
2 Teelöffel frisch gepresster Zitronensaft
1 Esslöffel flüssiger Honig
eine Prise Salz
eine Prise gemahlener Kreuzkümmel
eine Messerspitze Sumach

ZUM GARNIEREN

30 g Rucola
2 Esslöffel frisch gehackte Minze
3 Esslöffel Granatapfelkerne

**ZUTATEN
FÜR 2 PERSONEN**

Die leicht angebratenen Auberginen schmecken hervorragend, wenn sie mit diesem nahöstlichen Joghurtdressing serviert werden.

Den Airfryer auf 180 °C vorheizen.

Die Auberginenscheiben auf jeder Seite mit Olivenöl beträufeln und mit Salz bestreuen. Dann in die vorgeheizte Fritteuse geben und 10 Minuten lang frittieren; dabei nach der Hälfte der Zeit wenden.

In der Zwischenzeit alle Zutaten für das Dressing in einer kleinen Küchenmaschine vermischen (alternativ den Knoblauch fein hacken, mit den anderen Zutaten in ein Glas geben und kräftig schütteln).

Die fertigen Auberginenscheiben auf einem Bett aus Rucola anrichten, mit dem Dressing beträufeln und mit Minze sowie mit Granatapfelkernen bestreuen.

BEILAGEN

KNUSPRIGER BROKKOLI

170 g Brokkoliröschen
2 Esslöffel Olivenöl
1/8 Teelöffel Knoblauchsalz
1/8 Teelöffel frisch gemahlener schwarzer Pfeffer
2 Esslöffel frisch geriebener Parmesan oder Pecorino

ZUTATEN FÜR 2 PERSONEN

Diese von würzigem Käse umhüllten Brokkoliröschen sind wunderbar knusprig und schmackhaft – eine unkompliziert zubereitete Beilage.

Den Airfryer auf 200 °C vorheizen.

Den Brokkoli im Öl schwenken, mit Knoblauchsalz und Pfeffer würzen, dann den geriebenen Käse darüberstreuen und alles gut vermengen. Anschließend in das vorgeheizte Gerät geben und 5 Minuten lang frittieren; dabei den Brokkoli nach der Hälfte der Zeit wenden, damit er gleichmäßig gart.

KNACKIGER WÜRZIGER BLUMENKOHL

1/2 Kopf Blumenkohl
1 Teelöffel Sriracha-Soße
1 Teelöffel Sojasoße (oder Tamari)
1/2 Teelöffel Ahornsirup
2 Teelöffel Oliven- oder Avocadoöl

ZUTATEN FÜR 2 PERSONEN

Diese pikanten Blumenkohlröschen sind ideal für eine nahrhafte Bowl.

Den Airfryer auf 180 °C vorheizen, dann den Blumenkohl in Röschen von etwa 2,5 cm Durchmesser zerteilen. Die übrigen Zutaten in einer Schüssel vermischen, die Blumenkohlröschen hinzufügen und durchschwenken, um sie zu panieren.

Das Ganze in das vorgeheizte Gerät geben und 12 Minuten lang frittieren; dabei die Schublade einige Male kurz rütteln.

IN HONIG GEBRATENE PASTINAKEN

350 g Pastinaken
1 Esslöffel Allzweckmehl (falls gewünscht, glutenfrei)
1 1/2 Esslöffel flüssiger Honig
2 Esslöffel Olivenöl
Salz

ZUTATEN FÜR 4 PERSONEN

Ein Wohlfühlgericht für kühlere Tage.

Die Pastinaken der Länge nach in etwa 2 cm breite Scheiben schneiden, in einen Topf mit Wasser geben und eine gute Prise Salz hinzufügen. Zum Kochen bringen und 5 Minuten lang köcheln lassen. Dann herausnehmen und gut abtropfen lassen.

Jetzt die Pastinaken mit Mehl bestreuen. Honig und Öl in einer kleinen Schüssel verrühren und die Pastinaken darin schwenken, bis sie von der Masse gut umhüllt sind.

Anschließend den Airfryer auf 180 °C vorheizen.

Die Pastinaken in das vorgewärmte Gerät geben und 14–16 Minuten lang frittieren, je nachdem, wie dunkel sie sein sollen (je länger sie garen, desto süßer werden sie).

GERÖSTETER ROSENKOHL

300 g Rosenkohl, geputzt und halbiert
1 Esslöffel Olivenöl
1/2 Teelöffel Salz
1/4 Teelöffel frisch gemahlener schwarzer Pfeffer

ZUTATEN FÜR 3 PERSONEN

Ob Sie ihn lieben oder hassen, diese luftfrittierte Rosenkohl-Variante sollten Sie unbedingt probieren, bevor Sie ein endgültiges Urteil fällen. Er ist überraschend knusprig und süß und unterscheidet sich deutlich von dem zerkochten, matschigen Rosenkohl, an den Sie sich vielleicht noch aus Ihrer Kindheit erinnern.

Den Airfryer auf 160 °C vorheizen.

Die Rosenkohlhälften im Öl und in den Gewürzen schwenken. Dann in das vorgeheizte Gerät geben und 15 Minuten lang frittieren. Jetzt die Temperatur der Fritteuse etwas höherstellen auf 180 °C und weitere 5 Minuten lang garen, bis der Rosenkohl außen richtig schön knusprig und innen gut durchgegart ist.

BUTTERNUSSKÜRBIS

500 g Butternusskürbis, in circa 2,5 cm große Würfel geschnitten
1 Esslöffel Oliven- oder Avocadoöl
1 Teelöffel Paprikapulver
1 Teelöffel getrockneter Oregano
½ Teelöffel Salz
¼ Teelöffel frisch gemahlener schwarzer Pfeffer

ZUTATEN FÜR 4 PERSONEN

Diese Butternusskürbiswürfel lassen sich wunderbar im Airfryer zubereiten. Mit Gewürzen verfeinert, sind sie äußerst schmackhaft und vielseitig einsetzbar. Verwenden Sie sie in Salaten (toll auch mit Feta-Käse), auf pikanten Törtchen oder in einem Wrap.

Den Airfryer auf 180 °C vorheizen.

Den gewürfelten Butternusskürbis in eine Schüssel geben und in dem Öl und allen Gewürzen schwenken.

Anschließend in das vorgeheizte Gerät geben und 16–18 Minuten lang frittieren; dabei die Schublade während des Garens einmal leicht rütteln.

STANGENSPARGEL

1 Bund Spargel, geschält
1 Teelöffel Olivenöl
¼ Teelöffel Salz
⅛ Teelöffel frisch gemahlener schwarzer Pfeffer

ZUTATEN FÜR 2 PERSONEN

Dies ist eine der schnellsten Möglichkeiten, Spargel zuzubereiten. Probieren Sie ihn mit einem weichgekochten Ei (siehe Seite 10).

Den Airfryer auf 180 °C vorheizen.

Die Spargelstangen im Öl und in den Gewürzen vorsichtig schwenken, dann in das vorgeheizte Gerät geben und 8–12 Minuten frittieren; dabei einmal wenden (die Garzeit hängt von der Dicke der Spargelstangen ab, sie sollten leicht bissfest sein).

MEDITERRANES GEMÜSE

1 Zucchini, in dicke Scheiben geschnitten
1 Paprika, entkernt und in große Spalten geschnitten
1 rote Zwiebel, in Spalten geschnitten
12 Kirschtomaten
1 Esslöffel Olivenöl
½ Teelöffel Salz
½ Teelöffel frisch gemahlener schwarzer Pfeffer
2 Rosmarinzweige
Mozzarella, frisches Pesto (siehe Seite 80) und Basilikumblätter, zum Anrichten

ZUTATEN FÜR 1–2 PERSONEN

Zugunsten der Gesundheit täglich ausreichend Gemüse zu verzehren, lässt sich nicht immer einfach umsetzen. Mit diesem mediterranen Grillgemüse-Mix fällt es leicht – die köstlich-süßen Aromen machen direkt Lust auf mehr.

Den Airfryer auf 180 °C vorheizen.

Das vorbereitete Gemüse in Öl und Gewürzen schwenken, dann zusammen mit dem Rosmarin in das vorgeheizte Gerät geben und 12–14 Minuten lang frittieren, je nachdem, wie stark „gegrillt" Sie das Gemüse mögen. Herausnehmen und mit frischem Mozzarella sowie mit Pesto garnieren.

Anschließend mit Basilikumblättern bestreut servieren.

PATATAS BRAVAS

750 g neue Babykartoffeln (Drillinge)
1 Esslöffel Olivenöl
¼ Teelöffel Salz
frisch gehackte Petersilie, zum Garnieren

SOSSE

1 Esslöffel Olivenöl
1 kleine rote Zwiebel, fein gewürfelt
2–3 zerdrückte Knoblauchzehen
1 Esslöffel geräuchertes Paprikapulver
¼ Teelöffel Cayennepfeffer
400 g gestückelte Tomaten (Dose)
4 entsteinte grüne Oliven, halbiert
½ Teelöffel Salz

ZUTATEN FÜR 4 PERSONEN

Patatas Bravas zählen zu den Klassikern jeder Tapas-Bar und ergänzen eine Vielzahl von Gerichten perfekt. Im Airfryer sind die Kartoffeln im Nu zubereitet, und die leichte Schärfe der Soße verleiht dieser Beilage eine ganz neue Note.

Den Airfryer auf 200 °C vorheizen.

Die Kartoffeln waschen und in einheitlich große Stücke schneiden, dabei an der kleinsten Knolle orientieren. Anschließend die Kartoffeln in Olivenöl schwenken und mit Salz bestreuen. Nun in das vorgeheizte Gerät geben und 18 Minuten lang frittieren.

Nach der Hälfte der Zeit die Kartoffeln in der Schublade schwenken oder diese leicht rütteln. Während die Kartoffeln garen, bereiten Sie die Soße zu. Dafür das Olivenöl in einem Topf bei mittlerer Hitze erhitzen. Die Zwiebel hinzugeben und etwa 5 Minuten anbraten. Den Knoblauch, das Paprikapulver und den Cayennepfeffer hinzufügen und eine Minute lang kochen lassen. Tomaten, Oliven und Salz sowie 125 ml Wasser hinzugeben und etwa 20 Minuten weiter köcheln lassen, bis die Soße eindickt. Dann mit einem Stabmixer oder in einer Küchenmaschine pürieren.

Die Kartoffeln in einer Schüssel anrichten, mit der Soße übergießen und die gehackte Petersilie darüberstreuen.

SÜSS-WÜRZIGE MINI-PAPRIKA

200 g Piccarella-Paprikaschoten, entkernt und der Länge nach geviertelt
1 Teelöffel Olivenöl
½ Teelöffel Chili oder Chilipaste
¼ Teelöffel flüssiger Honig
Salz und frisch gemahlener schwarzer Pfeffer

ZUTATEN FÜR 2 PERSONEN

Diese Mini-Paprikaschoten sind enorm vielseitig. Sie sind perfekt als leckere Beilage oder als Füllung für pikante Törtchen (siehe Seite 97) und eignen sich auch hervorragend als Topping für Nudelgerichte.

Den Airfryer auf 180 °C vorheizen.

Die Paprikaschoten in Öl, Chilipaste und Honig schwenken, dann mit Salz und Pfeffer abschmecken.

In das vorgeheizte Gerät geben und 6–8 Minuten lang frittieren, je nachdem, wie stark „gegrillt" sie sein sollen; dabei nach der Hälfte der Zeit wenden.

NEUE HASSELBACK-KARTOFFELN

8–12 neue Kartoffeln, etwa 5–7 cm groß
2 Teelöffel Olivenöl
Salz
1 Esslöffel Butter (optional)

ZUTATEN FÜR 4 PERSONEN

Neue Kartoffeln sind perfekt für diese kleinen Hasselbacks. Sie sehen nicht nur toll aus, sondern schmecken auch köstlich. Das Öl und das Salz ziehen in die Kartoffelscheiben ein und bringen ihr feines Aroma optimal zur Geltung.

Den Airfryer auf 180 °C vorheizen.

Die Kartoffeln der Breite nach in Scheiben schneiden, dabei darauf achten, nicht ganz durchzuschneiden (wenn Sie die Kartoffeln beispielsweise zum Schneiden in die Mulde eines Holzlöffels legen, lässt sich dies leicht verhindern). Die Kartoffeln mit Olivenöl bestreichen und mit etwas Salz bestreuen. Dann in das vorgeheizte Gerät geben und 20–25 Minuten lang frittieren, bis die Kartoffeln außen knusprig und innen weich sind.

Anschließend sofort servieren.

YORKSHIRE PUDDING

1 Esslöffel Olivenöl
70 g Mehl (Typ 550) (falls gewünscht, glutenfrei)
100 ml Milch
2 Eier
Salz und frisch gemahlener schwarzer Pfeffer

ZUTATEN FÜR 2 PERSONEN

Ein ideales Rezept, um eine kleinere Menge Yorkshire Pudding zuzubereiten – entweder für ein britisches Sunday Roast oder als Alternative zu Brot. Außen knusprig und innen fluffig, schmecken die kleinen gebackenen Törtchen auch hervorragend zu geräuchertem Fisch.

Für dieses Gericht benötigen Sie 4 Auflaufförmchen. Zunächst den Airfryer auf 200 °C vorheizen.

Dann mit einem Backpinsel Rand und Boden jedes Förmchens einfetten; dabei das Öl gleichmäßig verteilen. Die eingefetteten Förmchen in das vorgeheizte Gerät stellen und 5 Minuten lang erhitzen.

In der Zwischenzeit das Mehl, die Milch, die Eier und die Gewürze in einer Küchenmaschine oder mit einem Schneebesen verrühren, bis ein schaumiger Teig entsteht. Diesen gleichmäßig auf die vorgewärmten Förmchen verteilen, erneut in den Airfryer stellen und 20 Minuten lang frittieren, in dieser Zeit das Gerät nicht öffnen. Die Yorkshire Puddings anschließend aus den Förmchen nehmen und sofort servieren.

GANZE SÜSSKARTOFFELN

4 mittelgroße Süßkartoffeln
1 Esslöffel Olivenöl
1 Teelöffel Salz
Beilagen nach Wahl

**ZUTATEN
FÜR 4 PERSONEN
ALS BEILAGE
ODER ALS SNACK**

Das weiche Innere der gebratenen Süßkartoffeln schmeckt köstlich mit einer herzhaften Füllung als leichte Mahlzeit oder einfach mit etwas Butter oder Öl und Salz als Beilage.

Den Airfryer auf 200 °C vorheizen.

Die Süßkartoffeln waschen und die Schale sorgfältig putzen, dann mit Olivenöl und Salz einreiben.

Die Süßkartoffeln in das vorgeheizte Gerät geben und bis zu 40 Minuten lang frittieren (die Garzeit hängt von der Größe der Kartoffeln ab). Stechen Sie die Kartoffeln leicht an, um zu prüfen, ob sie weich sind. Falls ja, sofort herausnehmen, aufschneiden und mit einem Belag Ihrer Wahl servieren.

VARIANTE: GANZE BACKKARTOFFELN

Auf die gleiche Weise können Sie auch normale Backkartoffeln zubereiten; sie benötigen allerdings je nach Größe eine etwas längere Garzeit von 45–60 Minuten.

SÜSSES

FRÜHSTÜCKSMUFFINS

1 Apfel, entkernt und gerieben
40 g Esslöffel Ahornsirup
40 ml Öl (Avocado-, Oliven- oder Kokosnussöl), und zusätzlich etwas Öl zum Einfetten
1 Ei
40 ml Milch (falls gewünscht, auf pflanzlicher Basis)
90 g braunes Reismehl
50 g gemahlene Mandeln
3/4 Teelöffel gemahlener Zimt
1/8 Teelöffel gemahlene Nelken
1/4 Teelöffel Salz
1 Teelöffel Backpulver
Griechischer Joghurt (alternativ pflanzlicher Jogurt) und frisches Obst, zum Anrichten

ZUTATEN FÜR 4 STÜCK

Apfel, Zimt und Nelken sind bei diesem Rezept die Geheimzutaten für köstliche Frühstücksmuffins.

Den geriebenen Apfel, Ahornsirup, Öl, Ei und Milch in einer Schüssel vermischen. In einer weiteren Schüssel Reismehl, gemahlene Mandeln, Zimt, Nelken, Salz und Backpulver verrühren. Die feuchten Zutaten gut mit den trockenen zu einer homogenen Masse vermischen. Nun 4 Förmchen einfetten und den Teig gleichmäßig darauf verteilen.

Den Airfryer auf 160 °C vorheizen.

Die Förmchen in das vorgeheizte Gerät geben und 12 Minuten lang frittieren. Wenn Sie prüfen möchten, ob die Muffins durchgebacken sind, können Sie einfach einen Cocktailspieß oder Zahnstocher in die Mitte einstechen. Kommt der Zahnstocher sauber heraus, sind die Muffins fertig; wenn nicht, backen Sie diese noch ein paar Minuten weiter.

Lassen Sie die Muffins in den Förmchen abkühlen, nehmen Sie sie dann heraus und servieren Sie sie mit einem Joghurt Ihrer Wahl und mit frischem Obst.

GEBACKENE HAFER-FLAPJACKS MIT ERDNUSSBUTTER UND SCHOKOLADE

Diese köstlich-saftigen, nussigen und schokoladigen Hafer-Flapjacks lassen sich im Airfryer schnell und einfach zubereiten.

**ZUTATEN
FÜR 9 FLAPJACKS**

- 150 g Haferflocken
- 50 g Schokoladenstückchen
- 300 ml Milch (falls gewünscht, auf Pflanzenbasis)
- 50 g griechischer Joghurt (alternativ Joghurt auf Pflanzenbasis)
- 1 Esslöffel flüssiger Honig oder Ahornsirup
- ½ Teelöffel gemahlener Zimt oder gemahlener Ingwer
- 65 g cremige Erdnussbutter

Alle Zutaten in einer Schüssel verrühren und in eine Auflaufform geben.

Den Airfryer auf 180 °C vorheizen, die Auflaufform in das vorgeheizte Gerät geben und 10 Minuten lang frittieren. Anschließend herausnehmen, in 9 Quadrate schneiden und heiß servieren.

AHORN-BANANEN-FLAPJACKS

Ein einfacher Fünf-Zutaten-Flapjack, bei dem der natürliche Zucker und die Saftigkeit der Bananen genutzt wird, um den Bedarf an zugesetztem Zucker zu reduzieren.

**ZUTATEN
FÜR 9 FLAPJACKS**

- 100 g Butter (auf Wunsch pflanzlicher Brotaufstrich)
- 75 g Ahornsirup
- 2 reife Bananen, mit der Gabel gut zerdrückt
- 1 Teelöffel Vanilleextrakt
- 240 g Haferflocken/schnellkochender Hafer

Die Butter und den Ahornsirup in einem mittelgroßen Topf bei schwacher Hitze erwärmen, bis sie geschmolzen sind. Die zerdrückte Banane, die Vanille und die Haferflocken einrühren und alle Zutaten miteinander vermengen. Die Backmischung in eine 15 x 15 cm große Backform geben und mit Alufolie abdecken.

Jetzt den Airfryer auf 200 °C vorheizen.

Die Backform in die vorgeheizte Fritteuse geben und 12 Minuten lang frittieren, dann die Alufolie entfernen und weitere 4 Minuten lang garen, bis die Oberseite braun wird. Anschließend abkühlen lassen und in 9 Quadrate schneiden.

PEKANNUSS-MELASSE-FLAPJACKS

120 g Butter oder pflanzlicher Brotaufstrich, zusätzlich etwas Butter zum Einfetten
40 g schwarze Melasse (alternativ Zuckerrübensirup)
60 g Rohrohrzucker
50 g gehackte Pekannüsse
200 g Haferbrei (keine Haferflocken)

ZUTATEN FÜR 9 FLAPJACKS

Diese süßen, nussigen Flapjacks wecken Kindheitserinnerungen und sind auch für Erwachsene ein Hochgenuss.

Den Airfryer auf 180 °C vorheizen.

Eine 15 x 15 cm große Backform einfetten oder mit Backpapier auslegen. In einem großen Kochtopf die Butter oder den Brotaufstrich, die Melasse und den Zucker schmelzen. Sobald die Butter oder der Brotaufstrich geschmolzen ist, rühren Sie zunächst die Pekannüsse und dann die Haferflocken ein.

Nun gießen Sie das Ganze in die vorbereitete Backform und decken diese mit Alufolie ab. Dann in das vorgeheizte Gerät stellen und 10 Minuten lang frittieren. Anschließend die Alufolie entfernen und weitere 2 Minuten backen, bis die Oberseite braun ist. Abkühlen lassen und dann in 9 Quadrate schneiden.

GETREIDEFREIES MILLIONAIRE'S SHORTBREAD

BODEN

60 g Kokosnussöl
1 Esslöffel Ahornsirup
½ Teelöffel Vanilleextrakt
180 g gemahlene Mandeln
eine Prise Salz

MITTLERE SCHICHT

185 g getrocknete, entsteinte Datteln (mindestens 20 Minuten in heißem Wasser einweichen, dann abtropfen lassen)
2 Esslöffel Mandelbutter
90 g Kokosmilch aus der Dose (ideal ist der dickflüssige Teil, wenn er sich abgetrennt hat)

TOPPING

125 g Kokosnussöl
4 Esslöffel Kakaopulver
1 Esslöffel Ahornsirup

ZUTATEN FÜR 9 QUADRATE

Eine getreidefreie und gesündere Variante des traditionellen Millionaire's Shortbread (Mürbeteiggebäck). Mit dem Airfryer gelingt ein knuspriger, goldener Boden für den natürlich gesüßten Karamell- und Schokoladenbelag.

Den Airfryer auf 180 °C vorheizen.

Für den Boden das Kokosöl mit dem Ahornsirup und dem Vanilleextrakt in einem kleinen Topf schmelzen. Sobald das Kokosöl geschmolzen ist, die Mandeln und das Salz unterrühren und vom Herd nehmen. Diese Mischung in eine 15 x 15 cm große Backform füllen und in die vorgeheizte Fritteuse geben.

Jetzt 4 Minuten lang backen, bis die Oberfläche goldbraun ist. Dann aus dem Airfryer nehmen und abkühlen lassen.

Die abgetropften Datteln, die Mandelbutter und die Kokosmilch vermischen. Sobald der Boden abgekühlt ist, diese Mischung darübergießen und für eine Stunde in den Gefrierschrank stellen.

15 Minuten, bevor Sie den Boden aus dem Gefrierfach herausnehmen, das Kokosöl in einem Topf erhitzen, bis es geschmolzen ist, dann das Kakaopulver und den Ahornsirup einrühren, bis ein Schokoladensirup entsteht. Diesen 15 Minuten lang abkühlen lassen, dann über die zwischenzeitlich fest gewordene mittlere Schicht des Bodens gießen und erneut 30 Minuten lang in den Gefrierschrank stellen.

Zum Servieren in 9 Quadrate schneiden.

GRANOLA

60 g flüssiger Honig
50 g Kokosnussöl
1 Teelöffel Vanilleextrakt
100 g Haferflocken (kein Haferbrei)
50 g gehackte Walnüsse
1 Teelöffel gemahlener Zimt

ZUTATEN FÜR 3 PERSONEN

Dieses leckere Granola ist in weniger als 10 Minuten zubereitet. Es ist besonders knusprig und passt perfekt zu griechischem Joghurt und frischem Obst.

Den Airfryer auf 180 °C vorheizen.

Honig, Kokosnussöl und Vanilleextrakt in eine kleine Schüssel geben und eine Minute lang in dem vorgeheizten Gerät schmelzen lassen.

In einer weiteren kleinen Schüssel die Haferflocken, die Nüsse und den Zimt vermischen. Die geschmolzene Honigmischung dazugeben und gründlich schwenken, sodass alle Haferflocken und Nüsse gut umhüllt sind.

Legen Sie dann eine Airfryer-Einlage oder ein Stück perforiertes Backpapier auf dem Boden der Airfryer-Schublade aus. Die Müslimischung darauf geben und gleichmäßig in einer Lage verteilen. Nun 4 Minuten lang frittieren, umrühren und weitere 3 Minuten lang erhitzen. Vor dem Servieren vollständig abkühlen lassen. Das Granola lässt sich auch gut in einem Schraubglas aufbewahren.

BANANENKRAPFEN MIT HAFERFLOCKEN

3 Esslöffel Mehl (Typ 550) (falls gewünscht, glutenfrei)
1 Ei, verquirlt
90 g Haferkekse (falls gewünscht, glutenfrei)
1 1/2 Teelöffel gemahlener Zimt
1 Esslöffel Rohrohrzucker
4 Bananen, geschält

ZUTATEN FÜR 4 PERSONEN

Eine gesündere Alternative zu den klassischen in Teig gehüllten und frittierten Bananen – aber nicht weniger köstlich und mit allen Vorteilen von Vollkornprodukten.

Den Airfryer auf 180 °C vorheizen.

Drei Schüsseln bereitstellen – eine mit Mehl, eine mit verquirltem Ei und die dritte mit Haferflocken, Zimt und Zucker.

Die Bananen erst in Mehl, dann in Ei und anschließend in der krümeligen Haferflockenmischung wenden. In das vorgeheizte Gerät geben und 10 Minuten lang frittieren.

Anschließend warm servieren.

ZIMT-AHORN-ANANAS-SPIESSE

4 Ananasstreifen, etwa 2 x 2 cm, je nach Länge der Frucht
1 Teelöffel Ahornsirup
½ Teelöffel Vanilleextrakt
¼ Teelöffel gemahlener Zimt
Griechischer Jogurt (alternativ pflanzlicher Joghurt) und geriebene Limettenschalen, zum Anrichten

ZUTATEN FÜR 2 PERSONEN

Genial einfach und besonders wirkungsvoll: Das Luftfrittieren der Ananas bringt die Süße und den Geschmack der Frucht noch stärker hervor.

Den Airfryer mit einer passenden Einlage oder perforiertem Backpapier auslegen und auf 180 °C vorheizen.

Kleine Metallspieße der Länge nach durch die Ananas stechen. Ahornsirup und Vanilleextrakt verrühren, dann über die Ananas träufeln und das Ganze mit Zimt bestreuen.

Die Spieße in das vorgeheizte Gerät geben und 15 Minuten lang frittieren; dabei einmal wenden. Wenn noch etwas Ahorn-Vanille-Mischung übrig ist, können Sie diese auch während des Garens nochmals über die Ananas träufeln.

Anschließend mit Joghurt und Limettenschalen servieren.

GEGRILLTE INGWER-KOKOS-ANANAS-RINGE

1 mittelgroße Ananas
Kokosöl, geschmolzen
1 ½ Teelöffel Kokosblütenzucker
½ Teelöffel geriebenen Ingwer
Kokosnuss- oder Vanillejogurt, zum Anrichten

ZUTATEN FÜR 4 PERSONEN

Perfekt für ein ebenso einfaches wie leckeres Dessert bei einem Essen mit Freunden. Kokosnuss, Ingwer und Ananas passen hervorragend zusammen und werden in diesem Rezept überraschend kombiniert.

Den Airfryer auf 180 °C vorheizen.

Die Ananas schälen und entkernen, dann in 4 dicke Ringe schneiden.

In einer kleinen Schüssel das geschmolzene Kokosöl mit dem Zucker und dem Ingwer verrühren und die Mischung mit einem Backpinsel auf die Ananasringe streichen (achten Sie darauf, sie auch an den Seiten der Ringe aufzutragen).

Die Ringe in das vorgeheizte Gerät geben und 20 Minuten lang frittieren. Kontrollieren Sie nach 18 Minuten, ob die Ringe möglicherweise schon jetzt perfekt gegart sind, dies hängt von der Größe der Ananas ab. Die Ringe sind fertig, wenn sie eine goldene Farbe zeigen und sich mit einer Gabel leicht und ohne großen Widerstand einstechen lassen.

GEBACKENE NEKTARINEN

2 Teelöffel Ahornsirup
1 Teelöffel Vanilleextrakt
1 Teelöffel gemahlener Zimt
4 Nektarinen, halbiert und entkernt
gehackte Nüsse, Joghurt und flüssiger Honig, zum Servieren (optional)

ZUTATEN FÜR 4 PERSONEN

Das Luftfrittieren von Nektarinen bringt ihre natürliche Süße gut zur Geltung. Ahornsirup, Vanille und Zimt runden den Geschmack der Früchte zusätzlich ab.

Den Airfryer auf 180 °C vorheizen.

Ahornsirup, Vanilleextrakt und Zimt in einer Schale oder in einem Glas verrühren. Die Nektarinenhälften auf eine Airfryer-Einlage oder ein Stück perforiertes Backpapier legen. Dann die Ahornsirup-Mischung darüberträufeln, das Ganze in das vorgeheizte Gerät geben und 9–11 Minuten lang frittieren, bis die Nektarinen weich sind (um dies zu prüfen, einfach kurz mit einer Gabel hineinstechen).

Mit gehackten Nüssen bestreuen und einen großzügigen Klecks Joghurt darübergeben, dann servieren. Nach Belieben etwas Honig darüberträufeln.

APFELSTREUSEL

2 Äpfel (je ca. 175 g), entkernt und in 2 cm große Würfel geschnitten
3 Esslöffel Rohrohrzucker
100 g Haferflocken (Großblatt)
40 g Mehl (falls gewünscht, glutenfrei)
1 gehäufter Teelöffel gemahlener Zimt
70 g kalte Butter, in kleine Würfel geschnitten

ZUTATEN FÜR 4 PERSONEN

Ein Lieblingsdessert für die ganze Familie, das sich leicht im Airfryer zubereiten lässt. Servieren Sie es mit etwas Joghurt oder Pudding.

Den Airfryer auf 180 °C vorheizen.

Die Apfelstücke in eine Auflaufform füllen und mit einem Esslöffel Zucker bestreuen. Dann in das vorgeheizte Gerät geben und 5 Minuten lang frittieren.

In der Zwischenzeit die Haferflocken, den restlichen Zucker und die kalte Butter in einer Schüssel vermengen. Mit den Fingerspitzen den Streuselbelag leicht kneten.

Die Auflaufform aus der Heißluftfritteuse nehmen und die Streusel gleichmäßig über den Apfelstücken verteilen. Für weitere 10 Minuten in den Airfryer stellen und frittieren. Sie können das Dessert warm oder kalt genießen.

INDEX

DANKSAGUNG

Ich möchte meinem Verlag Ryland, Peters & Small dafür danken, dass er mit der Idee eines Rezeptbuchs für den Airfryer an mich herangetreten ist. Nachdem ich festgestellt hatte, wie populär die Heißluftfritteusen mittlerweile geworden sind, und als ich die Anzahl der Rezepte und Videos auf Social-Media-Plattformen als Maßstab für diese Popularität heranzog, wurde mir einmal mehr bewusst, dass Ryland, Peters & Small ganz nah am Puls der Zeit sind. Julia Charles hat wieder einmal eine hervorragende redaktionelle Leitung übernommen und Cindy Richards, Leslie Harrington sowie Gillian Haslam haben alle dazu beigetragen, dass mit diesem Buch eine wunderbare Sammlung einfacher Rezepte für den Airfryer entstanden ist. Claire Winfield hat mit ihren wunderschönen Fotografien, die diese sorgfältig ausgearbeiteten Rezepte begleiten, ganze Arbeit geleistet. Jane Graham-Maw, meine unglaublich hilfsbereite Literaturagentin, arbeitet weiterhin hart daran, meine Fähigkeiten als Rezeptschöpferin bestmöglich hervorzuheben. Meinen Rezepttestern Wendy Burdon, Louise Hale, Jo Bristow und Jodie Humphries möchte ich ein großes Dankeschön aussprechen. Ihr Feedback war immer hilfreich. Dieses Buch, das bereits mein viertes ist und das in der Endphase einer weltweiten Pandemie entstand, war sowohl ein Segen als auch eine Enttäuschung für meine Familie, die zeitweise aus der Küche verbannt wurde. Die Stimmung war mitunter gereizt, doch die Belohnung war stets köstlich und laut meinen Teenager-Kindern die Sache wert. Auch sie haben die Heißluftfritteuse zu schätzen gelernt und werden, wenn sie einmal auf eigenen Füßen stehen und das Haus verlassen, mit einem Airfryer ausgestattet sein – natürlich mit diesem Rezeptbuch in der Hand!

JENNY TSCHIESCHE
BSC (HONS), DIP (ION), FDSC BANT